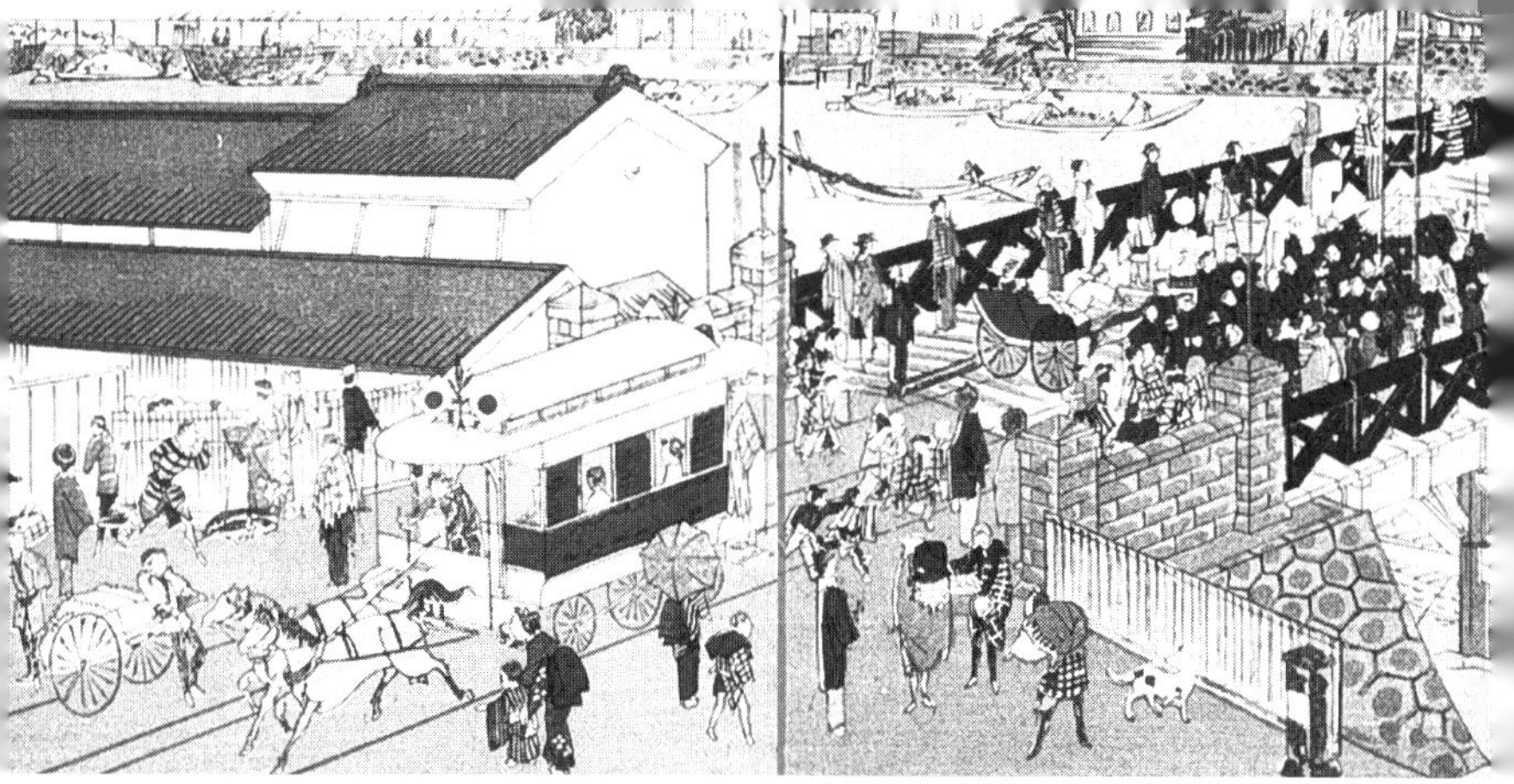

明治維新の理念をカタチにした

前島密の構想力

加来耕三

つちや書店

郵政博物館蔵

前島密翁　明治35年（1902）

はじめに

一円切手のイメージが、長くつづきすぎたからかもしれない。

「前島密《まえじまひそか》」といえば、〝日本郵便（郵政）の父〟と称されることが多い。

が、筆者《わたし》はこの人物名を表記する時、〝日本近代化の父〟と書きたくなる衝動に、いつもかられる。

なぜならば、日本近代化のスタートである「明治維新」――その理想とされた新しい時代のあり方――「いつでも」「何処でも」「誰でも」「自由に」「何処にでも」往来できるという社会を、具体的な形に構想したのが、ことごとく前島であったからだ。

彼こそが、明治維新の理想を具現化した人物といってよい。

それゆえ、前島密生誕記念碑の碑文は、「日本文明の一大恩人がこゝで生れた」と書き出している。彼が徳川幕府の治世に使われていた「飛脚《ひきゃく》」を廃し、「郵便」という新しい名称をもちいての、郵便事業の基礎を確立したことは広く知られている。

手紙やはがきを同一の安価で、全国津々浦々《つつうらうら》へ、迅速にかつ正確に届けるという、画期的な制度《システム》を短期日に構築し、「郵便為替《かわせ》」「郵便貯金」も創業した。しかし、前島の〝構想力〟は、郵便局を通信機関、庶民の金融機関としたにとどまらず、電気通信事業をも同様に陸海へ、誰の目にも見え、体験できる形で推進した。

いち早く鉄道建設を考え、のちに関西鉄道（JR西日本の前身の一《いつ》）、北越鉄道（JR東日本信越本線の一部）を自ら主宰してもいる。また、「陸運元会社」(内国通運会社　のち国際通運株式会社を経て現・日本通運）を創業に導き、〝三菱〟を育成して、日本の海運業を世界に雄飛させたのも彼であった。

前島密は〝商船学校〟こと「私立三菱商船学校」(のち「商船学校」「東京商船学校」「東京高等商船学校」などの改称を経て、東京商船大学　現・東京海洋大学の前身の一となった）も設立しており、海運従事者の生活を安定させるべく、「日本海員掖済会《えきさいかい》」(現在も同名で、一般社団法人化）をも創業している。

彼の手懸けた通信事業は、情報伝達手段としての「新聞」の発刊にもむけられた。「郵便報知新聞」(のち「読売新聞」に合併されたが戦後、夕刊紙「報知新聞」として復刊。現在はスポーツ・芸能・文化に特化した朝刊紙「スポーツ報知」となっている）を創業した前島は、この事業の公共性を考えて、新聞原稿の郵送料を無料にするといった、思い切った施策の実行も担っている。

漢字を廃止して、「ひらがな」を提唱したのも、彼が新しい時代の国民教育を考えてのものであった。

かわったところでは、新しい人材育成のために、肥前佐賀藩出身の大隈重信が設立した東京専門学校（早稲田大学の前身）の創立にかかわり、その経営危機に陥ったおりには校長をもつとめている。

加えて、見落とされがちなものに、前島の郵政事業が、明治日本の悲願であった外国との、対等条約の先駆けとなった史実であろう。

幕末、幕府が欧米列強と結んだ条約はことごとく、関税自主権の喪失、治外法権、領事裁判権などの点において、不平等条約であった。

明治政府はこれを諸外国に改めてもらうため、懸命の外交努力を重ねていたが、明治六年（一八七三）八月に、アメリカ合衆国のワシントンで調印された「日米郵便交換条約」は、日米間での郵便物を対等に交換することを約しており、米国に限定されてはいるが、日本の主権はこと郵便に関して、ここで回復の最初となっていた。

同様に、これもあまり顧みられてこなかった案件だが、琉球（現・沖縄県）が日本国に編入されたおり、郵便航路を首里や那覇に急造したのも前島であった。これにより、万一、琉球の帰属が清国との間で改めて争われたとき、郵便の開通をもって日本の版国《はんと》だ、と証拠立てしようとしたのである。

本書は「前島密」の卓越した功績をふり返りつつ、奇跡のような実行力、無から有を生み出すような、その根幹にあった〝構想力〟を分析し、学ぶところに主眼をおいている。

なぜ彼は、これだけの業績をほぼ独力で、しかもわずかな期間に、財政にめぐまれない中、達成することができたのであろうか。筆者はひとえに、その〝構想力〟だった、と思っている。

「構想」を辞書で引くと、「考えを組み立てること、また、その考え」「（芸術作品をつくるとき）内容・形式などの構成を考える」とあった。「構想を練る」というい方もある。つまり計画《プラン》であり、「theme and detailed plot」（テーマと詳細な筋立《すじだて》）、戦略といい換えてもよい。

筆者が前島密の業績に拠《よ》せる〝構想力〟とは、成し遂げるべき目標を定めたとき彼が示した、効率よく、最短でたどり着くための、具体的な手法、それをあみ出す過程《プロセス》において発揮された〝力〟の源《みなもと》のことである。

偶然ながら、この前島と同じ年に、幕末の英傑・坂本龍馬が生まれていた。

二人は多少の紆余曲折《うよきょくせつ》はあったものの、ほぼ同様の志を抱いて、学問を蘭学↓兵学↓西洋流砲術＝陸上砲術↓海上砲術↓海軍・海運と進め、ともに同時代にとっては稀有な異才を発揮した。変わり者と評価された点でも、二人は実によく似ていた。

だが、何よりこの〝同気《どうき》〟の二人は、明治維新という未曾有《みぞう》の変革に遭遇し、まったくといっていいほど、先行きの不透明な読めない未来に対して、日本の進むべき方向を具体的に構想し得た点が際立《きわだ》っていた。〝構想力〟は大局観、先見性、洞察力を具現化する〝力〟と訳してもらってもかまわない。

――〝構想力〟などというと、読者の中にはカント哲学の用語ではないか、と決めつけられる方がいるかもしれない。確かに、「想像力に創造的な産出機能が附加されると、それはむしろ構想力と呼ばれる」(細岩昌志著『カント　表象と構想力』)とあるごとく、〝構想力〟は哲学のテーマといえなくはない。

しかし同じ年に生まれた前島と龍馬の二人は、哲学・思想も含め、観念の世界、学者への道は進まず、実学の世界をめざした。テーマは同じ、近代日本の独立と新しい社会の確立――この崇高な目的を達成するためには、具体的に何をどのように推し進めればいいのか。二人は懸命に、答案を書きつづけた。

ここで二人の姿勢に共通していたのは、抽象的理念に囚《とら》われることなく、常に百パーセントの成果を期待せず、妥協を図《はか》りながらも、それでいて己れの望む方向へ、少しでも現実を近づけようと努めたやり方であった。

詳しくは本章でみるが、本書の案内《ガイド》として、〝構想力〟に必要な四つの要素は列記しておきたい。

第一は知識の集積と分析――可能な限り必要な情報を集め、進む先の傾向と対策を練ること。問題意識、疑問のないところに、構想は浮かびようもない。

二つ目は経験を重ねながらの、状況判断の力を磨くこと。間違えた判断をしたなら反省し、修正して、可能な限り正確な判断力を身につけなければならない。立脚点にあやまりがあれば、構想は組み立てられない。

第三は知識と経験を活かして行動しながら、状況の推移を正しく見極める訓練が必要となる。訂正や修正を加えながら、先を見通す能力を高めなければ〝構想力〟は広がらない。

最後が持ち時間、残された時間を正しく認識して、そこから逆算して最善の策を考案・選択すること。いかなる仕事にも、無制限などというものはない。出来上がった構想が成功するのも、失敗に終わるのも、効率の管理と配分による事例《ケース》が多い。注意すべきである。

以上、四点を念頭に本書をお読みいただき、先行きの見えない閉塞した今、読者《あなた》の発揮すべき〝構想力〟の示唆《ヒント》となり、これから先すばらしい豊潤の人生を手にしていただけたならば、これにすぎたる喜びはない。

本書刊行にあたりましては、公益財団法人通信文化協会・文化事業部長兼「通信文化」編集長の濃添《のぞえ》隆氏、同郵政博物館館長兼主席資料研究員の井上卓朗氏、同館主任資料研究員の田原啓祐氏をはじめ、郵政関連各団体、また、つちや書店の佐藤秀《まさる》社長、渡部まどか編集長にお世話になりました。この場を借りて、お礼を申し述べる次第です。

令和《れいわ》元年薫風の頃　前島密没後百年の年を記念して

加来耕三

明治維新の理念をカタチにした

前島密の構想力　目次

第一章　〃構想力〃の基礎　――上野房五郎の知識集積時代――

混迷の時代を切り拓くもの　18
房五郎の幼少期　23
好奇心こそが〃天祐《てんゆう》〃につながる　27
勝ちながら敗れたような訴訟　32
勉学と収入を兼ねる　36
生き方を一変させた「黒船」の来航　40
正統を学ぶ――日本の西洋流砲術の系譜　45
書物だけで大砲を造った象山　50
軍艦には軍艦をもって、あてるべし　55
房五郎、軍艦教授所に紛れ込む　59
「巻退蔵《まきたいぞう》」と改名す　64
龍馬を生命《いのち》の恩人という男との邂逅《かいこう》　68

第二章　成否を決する〝構想力〟の条件　――巻退蔵の幕末の動き――

ロシア軍艦、対馬占領事件　74
「亀山社中」を先取りしていた退蔵　79
大久保に商船事業を説く退蔵　83
龍馬と退蔵をつなぐ伏線　88
なぜ退蔵は、龍馬を語らなかったのか？　93
次の一手に事欠いた龍馬　98
土佐の「地下浪人《じげろうにん》」岩崎弥太郎　103
龍馬の構想を後継した男　108
幕臣への転身をはかる退蔵　113
交差した退蔵と龍馬　118
あえて迂遠《うえん》の道をゆく　123
暗殺された龍馬――〝構想力〟の問題点　128
もしも龍馬が、明治に生きていれば　132

第三章　構想力を伸ばすには　――旧幕臣・前島来輔の考え方――

鳥羽・伏見の戦い　140
来輔が打つ、次善の手とは?!　144
帝都を江戸へ、と大久保に建白　149
帝都の利益を以て目的とせよ　154
駿府藩徳川家における来輔の活躍　158
来輔は藺相如《りんそうじょ》なり――身の丈に合った処し方　164
明治政府からの出仕命令　168
若き日の渋沢栄一　174
渋沢の「道徳経済合一説」　178
周囲は常に、見ている　183
公務に生涯を捧げた男・杉浦譲　187
杉浦譲の知られざる功績　191
新政府の急務で作成された『鉄道憶測』　195

第四章　次世代へつなぐ〝構想力〟——前島密が実践した明治維新——

四面楚歌《しめんそか》の中、駅逓権正《えきていごんのかみ》に就任　202
〝構想力〟による郵政革命　206
「事に臨むに三つの難《かた》きあり」　212
汽車に乗ったサムライ　216
理解しやすい鉄道、しにくい郵便　221
「郵便」造語の由来　225
切手や料金設定の苦心惨憺　230
郵便汽船・列車・馬車への構想　235
伊藤博文と前島の意外な接点　239
大久保利通、大蔵卿就任の深謀　245
前島、再び「新式郵便」の陣頭指揮　249
地方の名望家を郵便御用取扱人に　253
民業圧迫を怒る飛脚屋への説得　257
〝日通〟につながる飛脚屋救済の新事業　262

子供に切手を貼って送ろうとした親　267
郵便草創期の外伝　271
郵便脚夫と邏卒　276
生命《いのち》懸けの郵便脚夫と郵便はがき　280
各種はがきと郵便貯金　285
見切って、海運王国日本を台頭させる　290
成功した大久保外交の陰に――　295
念願の国際郵便戦略　300
大久保の死が意味したもの　305

終章　〝構想力〟の伝承　――その後の前島密――

官営とすべきか、民営とすべきか　312
鉄道か電話か　316
苦戦を強いられた電話の創業　320
密《ひそか》に去り行く　324

第一章

〝構想力〟の基礎

上野房五郎の知識集積時代

❖混迷の時代を切り拓くもの

明治維新からふり返れば、三十三年前のことになる。

正しく記せば、天保六年（一八三五）――まだ時代は、徳川幕府十一代将軍家斉《いえなり》の晩年であった。すでに幕府は組織疲労を起こしており、種々の矛盾、欠陥を露呈してはいたが、それでもまがりなりに幕藩体制は維持され、まだ致命的な失策を露《あら》わにはしておらず、瓦解《がかい》の危機には直面していなかった。

ただ、政治は士農工商の別なく、ある種の閉塞感（不平・不満）を募らせており、封建制の枠組の限界――身分制度、職業選択の不自由――に喘《あえ》いでいた。経済は伸びなやみ、爛熟《らんじゅく》し、退廃した（不健全な）文化だけが、活気のある町人を中心に花咲いていた。

老中・水野忠邦《ただくに》による、天保の改革が進められる六年前にあたる、この年の正月七日（太陽暦では二月四日）、越後国頸城郡下池部村《くびきごおりしもいけべ》（現・新潟県上越市下池部）に一人の男子が生まれた。名字を許された豪農の家で、その父親・助右衛門は、造酒屋を営んでいたという。子供の名を、上野房五郎《ふさごろう》といった。

のちに〝郵便（郵政）の父〟と呼ばれ、その実は近代日本そのものを、具体的に幾つも創ってみせたといっていい、前島密《ひそか》の江戸時代における最初の名前である。

母は越後高田藩十五万石の目付役・伊藤源之丞の妹てい。彼女は助右衛門の後妻であり、夫と先妻との間には、すでに一男一女があった（次女、ついで長女は夭折）。

――上野房五郎は、幕末の動乱期に青少年時代を送った。

このことが彼にとって、幸せであったか否かは、歴史学の扱うべき命題ではないが、房五郎は時代が求める能力を、やがて身につけることになる。それは、能力ある者は幕府や諸藩、そこに暮らす人々のために、その能力を使わねばならない、との考え方であり、誰もがそのことに異議を挟《さしはさ》まない時勢＝幕末であった。

日本の天保十一年（一八四〇）から二年間、イギリスと清国の間で戦われた阿片《アヘン》戦争によって、敗れた清国は香港を割譲させられ、広州《こうしゅう》・福州《ふくしゅう》・廈門《アモイ》・寧波《ニンポー》・上海《シャンハイ》の開港を許し、事実上、イギリスの植民地となってしまった。

アジア・アフリカには、イギリスのみならず欧米列強が、虎視《こし》眈々《たんたん》と植民地を求めて群がっていた。武力をもって立ち向かい、独立の尊厳を守ることは難しい。敵は巨大であり、強かった。防御を急がねば、欧米列強に日本がのみ込まれてしまう。

では、どうすればいいのか。地に足の着いた具体策――たとえば、「富国強兵」「殖産興業」といわれるものの、実現可能な方法を、ときの政府である幕府は、日本に暮らす人々に提示せねばならなかった。しかもこの作業は一方において、これまでの幕藩体制を可能な限り、残す形で進められなければならない。

なぜならば、もし国の形をまったく違うものに変えてしまえば、当然のごとくに反発が生まれ、革命は流血を呼ぶ。結果、対立が内戦を長期化させれば、列強の内政干渉を引き起こすこととなる。それこそ、清国の二の舞となりかねない。

一刻も早く、多くの日本人が納得できる形で、時代を回天させなければならなかった。ここに、時代の枠組を見据えたうえでの、懸命な〝構想力〟が求められた。持ち時間は、あまりない。にもかかわらず、変革の時代においては、社会の前提条件、現実そのものが変化していく。

昨日の常識――正しくは習慣・慣例、思い込み――が、今日には通じなくなるのである。

現に、徳川幕府は国政を担う八百万石（実質四百万石）の実力を持つ政府であったはずなのに、明治元年（一八六八）には、一朝にして駿府藩（のち静岡藩）七十万石の地方政権に降下した。その幕府に王城の地を守護するように、と命ぜられた会津藩は、明治天皇の父・孝明《こうめい》天皇（第百二十一代）に絶大な信任をされていながら、戊辰《ぼしん》戦争では国賊の汚名を着せられ、成敗《せいばい》を受けることを余儀なくされている。

二百六十五年もの長期にわたって、日本に君臨した徳川幕府の重厚さに比べれば、誕生間もない明治政府は各省が独立し、その活動単位は限りなく「分子化」していた。その細胞が、必要に応じて臨機応変に離合集散して、脆弱《ぜいじゃく》な政権をなんとか維持していたにすぎない。

この過程を近代化という〝構想力〟で担い、具体化して、分離のひびをふさいだのが上野房五郎、のちの前島密であった。志半ばでこの世を去ることとなった、同年生まれの坂本龍馬もしかりである。

二人は時代の最先端を行く蘭学の世界にこの先、飛び込んで、数ある分野の中から兵学に関心を持ち、これを選択。西洋流の陸上砲術から始めて、ついには〝海防〟の要＝海軍の重要性を知る。まだ、「海軍」という名称が定まる以前のことである。二人はともに海軍についての〝構想力〟を発揮し、そこから「富国強兵」「殖産興業」を導き出した。

なぜ、彼らにこうした〝構想力〟が身についたのか。四つの基本方針《ガイドライン》は、すでに述べた。

その詳細を検証するのが本書の目的であるが、結

坂本龍馬（1836－1867）
国立国会図書館蔵

論だけを先に述べておいても構うまい。筆者《わたし》は、〝構想力〟を持つための前提として、次の三つが必要なのではないか、と考えてきた。

一つ目は、痛烈な問題意識を持っていること。そこから導き出された〝哲学〟が存在したこと。歳は若くとも、前島密と坂本龍馬には各々の人生観、世界観と呼べるものが、世に出る前に形作られていた。そのため二人は、自らが設《しつら》えた座標軸を確固たるものにすることができ、誤りのない方向性を定めることができた、といえなくもない。

二つ目は一つ目とも関連するが、二人が最先端の学問を積むことによって、時代の趨《すう》勢《せい》、時代の本質を見抜く目を養うことができた点も大きい。しかも、複眼で捉えることができた。

三つ目は、きわめて現実的な決断力を持っていたことである。ここ一番に、適確な決断をくだし得る勝負強さ、利害損得の計算、大胆にして小心な判断力が備わっていた。

つまり、二人には一般の人々には見えなかった〝未来〟が、具体的に見えていたということになる。

❖房五郎の幼少期

さて、坂本龍馬が生まれた南国土佐とは対照的に、前島密＝上野房五郎が生を受けた越後国頸城郡下池部村は、豪雪で鳴る雪国であった。

極端に、冬の訪れが早い。渺茫《びょうぼう》と広がる北海から冬の雲が渡ってくれば、越後（現・新潟県）は野も山も雪でうずまってしまう。大雪が降れば、その雪よけの作業をせねばならず、これにかかる費《つい》えや労力は、決して尋常なものではなかった。

一生懸命に雪をかき出しても、そこからは何も生まれない。疲労と無気力さだけが残った。南国にはこの無駄な作業がなく、冬の陽ざしも底なしに明るい。

「北国は雪が降り積もる分、損だ」

前島も歳を経て、そのことに思いいたったが、この頸城郡は天領であった。

幕府直轄地であり、代官所が近くの川浦《かわうら》村（現・新潟県上越市三和《さんわ》区川浦《くかわうら》）に置かれていた。今日、前島密の生家跡には、「前島記念館」が建っている。彼の実家・上野家は三百年つづいた豪農の家で、ここに次男坊として房五郎は生まれたことは、すでに触れた。天保六年（一八三五）正月七日の生まれ（自伝によっては八日とある）。

父・助右衛門は、温厚篤実な人であったようだ。ただし、房五郎は父の面影を持っていない。なにしろ、生まれて半年あまりで父は亡くなってしまう。天保六年の八月十一日、助右衛門はこの世を去っていた。房五郎の母・ていは後妻であり、このとき四十歳であった。

助右衛門には先妻との子があり、すでに二十歳を超えていた長男の又右衛門が父の跡《あと》を継いだ。この人は豪放磊落《ごうほうらいらく》な性格で、酒好きな好人物であったようだが、金を貯めるという倹約家ではなく、散《さん》じる型《タイプ》の人であったようだ。

ほかに十代の姉やゑ（八重）もいる。母のていは、こうした先妻の子たちと折合いがうまくいっていなかったようだ。房五郎が五歳になった年、上野の家を去って実家のある高田城下（現・新潟県上越市高田地区）へ移り住む。

したがって、上野家が彼に与えた影響はどれほどあったろうか。

幼少の房五郎の、性格を決定づけたのはその母であった。ていの実家・伊藤家は、高田藩十五万石の家臣――それも三百石取りの、上士の家柄であった。

当主はていの兄・伊藤源之丞《げんのじょう》（藩目付役）、ていも藩主榊原家の奥向きに仕えており、そのために婚期が遅れたという。実家からの仕送りも多少はあり、母子は日々の生活にさほど苦しまなかったようだ。

母は裁縫などの賃仕事をしながら、かたわらにわが子・房五郎を座らせ、錦絵を見せては日本史上の英雄の名を覚えさせて、その人物の物語を聞かせたという。

あるいは、江戸時代の初等教育＝寺子屋で教科書として使われた、〝往来物〟を読み書きさせたりした。〝往来物〟の内容を一言でいえば、世の中を知る一番手っ取り早いもの、といえようか。日本の歴史や地理が書かれているだけでなく、経済の流れについても語られている。

もとより人の道、道徳も懸命に述べられていた。その印刷本は数千種といわれ、寺子屋で教える師匠の中には、こうした出来合いの〝板《はん》もの〟を嫌って、自ら書きおろす者もいた。加えて、読み書き算盤《そろばん》——これは庶民を対象にしたもので、この成果により、江戸末期の日本の識字率は、先進国イギリスのロンドンを超えていた。

房五郎がこうした平凡な環境にありつづけたならば、おそらく後年の前島密は誕生しなかったであろう。ほどなく、転機が訪れた。

天保十三年（自叙伝では十二年）の春、母のていの弟の一人・相沢文仲《ぶんちゅう》が、姉と甥を訪ねて来たのである。文仲は高田藩の伊藤家に生まれ、その英邁ぶりを見込まれて糸魚《いとい》川《がわ》藩一万石の医家・相沢を継いだ人物。京都にあがって山脇東洋《やまわきとうよう》に内科を学び、紀州（現・和歌山県全域と三重県の一部）の華岡青洲《はなおかせいしゅう》について蘭方医の、とりわけ外科《げか》を修めた。名医としての呼び声が高く、その暮らしむきには余裕があった。

「房五郎を医者にしてはどうか――」

と、文仲は姉に持ちかけた。

このとき文仲のもとには、実家の長兄・伊藤源之丞の子・文徳が預けられていたのだが、文仲はこちらの甥にはあまり期待を抱いていなかったようだ。

姉は弟の言葉を、素直に受け入れた。房五郎は糸魚川に移り、寺子屋で学問のつづきを学び、同じ医師の銀林玄類《ぎんばやしげんるい》のもとで漢方医学の初歩を学ぶ。

叔父の文仲はときに、房五郎を薬室に講じて、助手のまねごとをやらせたりもしている。

漢方の基本ともいうべき漢学については、さらに糸魚川藩士の竹島穀山《こくざん》のもとへも、文仲は房五郎を通わせた。房五郎の師となった穀山は、和漢に通じた教養人で、そのうえ弓槍剣の武術にも勝《すぐ》れ、文武のみならず書画もうまく、点茶や挿花の技芸にも造詣《ぞうけい》が深い一級の人物であったという。

当時三十代後半の穀山は、幼い房五郎をわが子のように慈しみ、北国の山野を一緒に散策した。房五郎時代の前島は、実に多くの人々と邂逅《かいこう》するが、このことは彼の環境認識を大いに広げることになった、といっていい。

穀山もその一人で、地方の小藩に生まれ育ち、その才能をもてあますような彼は、幼い弟子に何を語ったであろうか。「立志」であったろうか、「堪忍」であったろうか。

❖好奇心こそが〝天祐《てんゆう》〟につながる

房五郎は幼少から、利発な子であったようだ。

穀山が漢詩や俳諧の作り方を教えると、懸命にそれを覚えて諳《そら》んじた。新しい刺激に、触発される型《タイプ》であったのだろう。呑《の》み込みも早かった。おかげで大人たちにはちやほやされ、穀山の俳句の会で給仕《きゅうじ》に出て一句ひねると、喝采されたという。

母親はそうした房五郎の学問における態度、天狗になりかけているのを窘《たしな》めている。

世には幼弱にして文を解し、書を能《よ》くし、人の賞詞《しょうし》（誉言葉《ほめ》）を受くる者あり。然《しか》れども成長の後は多く凡庸《ぼんよう》の人と為りて、嗤《わらい》を招くもの多し、汝《なんじ》が今日の事、之《これ》に類似せずや。甚《はなは》だ恐る、汝が之に自負の心を生じ、他日を誤るあらんことを。（「自叙伝」・『鴻《こう》爪痕《そうこん》』所収＝前島密の没後一年、大正九年〈一九二〇〉四月に前島家から刊行された伝記。編集には市島謙吉《いちしまけんきち》〈春城《しゅんじょう》〉があたった。以下、同じ。文中の補記は筆者に拠る）

十一歳になった房五郎は、高田藩の儒者・倉石侗窩《くらいしとうか》のもとへ入門すべく、単身、高田に赴いた。師と望んだ侗窩は、もともと商家の出身。封建制の厳しい身分制度にあって、わずかに開いていた例外＝学問と武術のうち、儒学を修めて身分を超越する。

幕府の昌平黌《しょうへいこう》で教えた安積艮斎《あさかごんさい》の、見山楼《けんざんろう》の塾長をつとめた英才として知られるようになった。ほかに、長沼流の軍学も修めている。侗窩は国許《くにもと》へ帰って私塾を開いたが、この塾は身分を問わない画期的なものであった。

当初、高田藩士も塾に入門しており、侗窩の学才は藩内にも聞こえ、やがて召されて藩士の身分となり、待講ともなった。のちの明治維新のおり、割れた藩論を勤王に統一。危急存亡の高田藩を救い、明治九年（一八七六）に六十二歳でこの世を去っている。

前島の生涯をみたとき、この師の影響は、先の竹島穀山にも増して大きかったように思われてならない。一方、母の実家である伊藤家から当初、倉石塾に通っていた房五郎は、伊藤家の人々が妙によそよそしいのに、ほどなく気づく。

なるほど、高田藩の上士の家に居候《いそうろう》している房五郎は、侗窩の弟子とはいえ、その出生は天領の豪農の子ながら百姓でしかなかった。途中でこのことに気がついた彼は、自らの生家の上野家で寝泊りしながら、なおも二年半、侗窩のもとへ通う。高田は名だたる豪雪の地、よくぞ通いとおせたものだ、と感心する。人間、何事かを残すには手堅く、着実に、継続しつづけるという姿勢が重要だが、房五郎にはこれがあった。

　この頃の房五郎には、漫然と医学の修得が目標にあり、侗窩に学んだ儒学はその基礎としてのものでしかなかった。だが、好奇心旺盛な彼は、常に広域に空中線《アンテナ》を張っており、基礎の学問を修める中で、周囲から漏れ聞くところでは、医学にも最近、〝蘭方医《らんぽうい》〟というのが目立ってきたことを知る。未知なる世界との、遭遇であった。

　この先で上手《じょうず》にいくか、失敗するかのカギを握っていたのが、初期の房五郎の〝構想力〟であった。〝構想力〟の初手は、一歩先を想像《イメージ》する力、予測することに尽きる。

（これかもしれぬ）

　胸の中に音曲が鳴り始めたような、明るい未来の予感が、彼にはわいてきた。

　房五郎は現状の自らの学習能力を正確に把握し、そのうえで蘭方医をとらえた。

　十三歳のおり、大胆不敵にも彼は、江戸への蘭方医留学を考える。未知なる世界への探究心――このあたり、のちの蝦夷地（現・北海道）への旅＝前半生を覆《おお》う流浪の生き方を暗示していた、未来を創造していく〝構想力〟の発芽といえなくもない。

　しかし、房五郎少年には何よりも先立つものがなかった。

　叔父の文仲は裕福ではあったが、甥のために多額の留学費用を出してくれそうにはない。自らが修めた医学を、ここで学べば事足りる、わざわざ江戸にまで留学する必要はない、との思いが強かった。糸魚川に戻り、母と相談したところ、母は取《と》り敢《あ》えずの出府を最優先せよ、とわが子に助言している。目標に最短でたどり着く方法を考えるのが、〝構想力〟である。この母にして、この子ありであったかもしれない。

「精神一到何事《なにごと》か成らざらん。一旦、方針を定めて前進せんとす。何ぞ其《その》歩を躊躇《ちゅうちょ》せんや。此事《このこと》たる冒険不安の挙《きょ》なりと雖《いえど》も、僻地《へきち》に屈して成す無く、生きて益なきに勝《まさ》る」

（「自叙伝」・『鴻爪痕』所収　引用文は読みやすくするため筆者が適宜、原典にルビ、句読点を入れる）

普段は「温順尋知（すなおで、察しのいい）の人」でありながら、「果断決行の勇」を持つ母の言葉は、そのまま房五郎のこれからの、生き方の姿勢ともなった。

田舎にくすぶっているようでは、生きる価値がない、という母の訓戒《くんかい》に、房五郎は本《ほん》性《しょう》ともいうべき異常なまでの情熱、意欲が、戦慄《せんりつ》的に昂《たか》ぶって全身を武者震いさせた。

彼は弘化四年（一八四七）九月、はじめての江戸に出た。わずかに十三歳の少年が一人で、である。もとより、右も左もわからない。鉄道も飛行機もない時代である。よくぞ無事に、江戸へ辿りつけたものだ、と感心する。

江戸に着いた房五郎は、取りあえず糸魚川藩（藩主・松平直春《なおはる》）の下屋敷を訪ねたものの、門番にかけあっても、叔父の相沢文仲を知る蘭方医に、おいそれとは取り次いでもらえない。それどころか門番は、自分が江戸に暮らしているというだけで、お高くとまり、田舎者の房五郎を見下《みくだ》し威張り散らした。

度胸にはめぐまれていた房五郎だったが、気後《きおく》れしてつい小さくなってしまうのが、江戸という町であった。門前払いを喰わされ、途方に暮れた彼は、次善の策として、糸魚川藩主の儒学の師をつとめた、都沢亨《とざわとおる》（一ノ関藩儒）のもとへ押しかけ、咆哮《ほうこう》するように、その塾生にしてもらうことに成功する。

しかし、学費も生活費もない。人間、霞《かすみ》を食って生きてはいけない。もともと、乏《とぼ》しい路銀であった。母と異母兄からもらった金は、すぐさま底をついてしまう。叔父の文仲に手紙を書いて泣きついたが、あっさりと断わられるありさま。

――ここが、正念場であった。

江戸や大坂に学ぶ蘭方医の書生の中には、「按摩《あんま》」を夜業として苦学し、大成した者もいる、と房五郎は聞いたことがある。ならば、と江戸への居座りの覚悟を決め、まずは学僕に雇ってくれる医師を捜して、知るべを頼ってその周旋を依頼してまわった。

幸い、開業医の上坂良庵という人の家に、学僕として入ることができた。ついで、幕府の官医・添田玄斎《そえだげんさい》の「薬室生」になった、と後年、前島自身は語っているが、おそらくこれは誇張であり、実際は薬箱持ち程度のものであったろう。

❖勝ちながら敗れたような訴訟

前島＝房五郎は、世間に学ぶ。志さえあれば、懸命に努力をつづけてさえいれば、道は開ける。誰かが助けてくれる。天祐《てんゆう》はあるのだ。天祐が現れる前に諦めたら、人生はそこで終わる、と。

江戸での生活の中で、彼は世の中には無数の身分があることをも知った。房五郎の場合は、上昇志向の逆風、向かい風といってよい。田舎者が江戸で暮らしていきたいならば、身分をわきまえ、相応に身を縮めて生きろ、それが礼儀であり、己れ一人が気侭《きまま》な顔をしていると、いつまでも田舎者扱いにされるぞ、とも。

さて、房五郎はこうした教訓をどう捕えたか。彼は伊東玄朴《げんぼく》のうわさを聞いている。かつては坪井信道《しんどう》と並び、江戸蘭方医の二大巨頭の一《いつ》であった人物である。

「二人とも、武士以外の出ではないか」

房五郎は、思った。これは坂本龍馬にも共通するが、二人はまともな（固定された）階層に終始していなかった。逆にみれば、堅牢に組み立てられた幕藩体制の中で、士農工商の各々の身分、已れを取り囲む環境に、納得していた人々には、当然のことながら、それを打破したいと思うほどの克己心、反発心、好奇心は喪失していたことになる。

身分の変動を〝下剋上〟といったが、〝幕末〟を突き動かした主動力《メインエンジン》はこれであったといえるかもしれない。房五郎がこだわった伊東玄朴は、肥前佐賀（現・佐賀県）の出身――肥前神崎郡・仁比山《にいやま》神社仕えの農民から、文政十二年（一八二九）以前に佐賀藩士・伊東家へ養子入りしたという――若いころに長崎の通詞の家に住み込み、蘭学の基本を学び、ドイツ人フィリップ・フランツ・フォン・シーボルトについて、西洋医学を学んだ。

その玄朴と双璧を成した一方の坪井信道も、美濃脛永《はぎなが》村（現・岐阜県揖斐《いび》郡揖斐川町）の農民の子で、こちらはシーボルトに直接は学べなかったが、その弟子筋の宇田川《うだがわ》榛斎《しんさい》（字《あざな》は玄真《げんしん》）の門人となって、研鑽《けんさん》を積んでいた。

ともに凄絶なまでの苦労、苦学をしており、「按摩」を夜業にした、との伝説が双方にあった。房五郎は伊東玄朴の名を小耳に挟んだが、もしこれが坪井信道の方であれば、あるいはその人生は変わっていたかもしれない。

なにしろ信道は、篤実寡欲《かよく》の人で、感動を覚えるほどに金銭には淡白であった。「日習堂《にっしゅうどう》」という私塾を開いて、後進の指導にあたっていたが、ここから収入を得ようとは思いつきもせず、蘭学を世に広めたい一心で、その情熱だけで塾を運営していた。

入門の束脩《そくしゅう》（入門のおり師に贈る礼物）は無料に近く、部屋代も無料。勉強に必要な文具の費用と日々の自炊にかかる費《つい》えだけが、塾生の負担であったといってよい。

信道は、嘉永元年（一八四八）十一月に五十四歳で亡くなっている。彼の第一等の弟子といわれたのが、備中足守《あしもり》（現・岡山県岡山市）出身の緒方洪庵《こうあん》であった。福沢諭吉の師であり、洪庵の「適々斎塾《てきてきさいじゅく》」（適塾）出身者で維新に活躍した者は多い。

ところが、玄朴は信道とは正反対。金の亡者《もうじゃ》、と陰口する者も多く、彼の塾「象先堂《しょうせんどう》」に入門するには金がかかった。束脩として金二百疋《ぴき》（現在の貨幣価値では約二万円）と扇子一箱を玄朴先生本人へ、それ以外にも夫人に金百疋、若先生に金五十疋、塾頭に金五十疋、塾生一同へも二百疋、塾僕にすら五十疋が必要とされていた。

「そんな金はない。なんとか学僕、塾僕に雇《やと》ってもらえぬものか――」

房五郎は日常生活をしながら、ただで勉学したい、と再三、再四にわたり、軽躁《けいそう》なほどに談じ込んだ先が、少し遅れて玄朴の塾で塾長をつとめることになる、薩摩藩士の松《まつ》木弘安《きこうあん》であった。〝ご一新〟ののちに、寺島宗則《むねのり》と称し、わが国の電信開設に尽力することになる。外務卿もつとめ、伯爵ともなった人物。

彼は房五郎より三歳の年長で、話しやすかったのだろうが、十六歳の弘安には、まだまだ発言力がなかったろう。いかにして玄朴の塾に入るか、房五郎が知恵をしぼってい る時、糸魚川の知人から叔父の相沢文仲が急死したことを知らされる。

そのことを、房五郎は母ていから聞かされていなかった。慌てて帰郷したところ、なんと母は軟禁状態におかれ、従兄弟の文徳（母ていの兄の子）が相沢家の遺産を独り占めするため、蠅《はえ》を追うように、房五郎を追い払うありさまであった。

救出した母とも相談のうえ、房五郎は川浦の代官所にこの一件を訴え出た。相手の構えを崩す一歩としては、悪くない。

彼にすれば、自分は自分なりに、叔父の養子分だったとの思い入れもあった。

この一件、裁判になる前に、文徳の方から和議の申し入れがなされ、金三百両を房五郎に与えるかわりに、生家の「上野」へ戻る、との条件が提示された。辛うじての好意であり、相沢家そのものに未練のない房五郎は、これに合意した。

むしろ、思わぬ大金が転がり込んで来た、助かった、と北叟笑《ほくそえ》んだ彼だったが、訴訟準備の費用が思いのほか高額にかかり、支払いを済ますと、結局は二、三十両が手許《てもと》に残るだけであったとか。

まだまだ、相手を緻密《ちみつ》に調べるという事前作業ができていなかった。とくに、経済について――。

緻密な模擬実験《シミュレーション》の不足、想像力の欠如といってよい。いかに予測を立てても、すんなり行かないのが人生である。勝敗を制するのは、事前のたゆまぬ構想しかなかった。

それでも再び江戸に出た房五郎は、臆面もなく旧主の添田家を訪問。薬剤生に欠員があったことから、からくもその補充にすべり込む。自分勝手ではあったが、出処進退では割合、周囲の賛意を得ていたということであろうか。

その後、幕府の医官・長尾全庵の屋敷に食客《しょっかく》として移り、住み込んでいる。

❖勉学と収入を兼ねる

このように見てくると、はて、のちの前島密はいつ、土台となる蘭学の勉強をしたのか、と訝《いぶか》しくなるのだが、彼は意外な方向から蘭学――なかでも、西洋流兵学の勉強をする機会にめぐり会う。タネは、筆耕《ひっこう》であった。

当時の出版事情は、後世とは大いに異なり、活字印刷はまだ日本には普及しておらず、部数の多少あるものは木版刷りとなったが、それでも部数全体は少なく、そのため書物はいずれも高価となり、一般にはそれを手書きで写す筆写本《ひっしゃほん》が普及していた。

房五郎は江戸橋のほとりの、「達磨屋《だるまや》」と知り合って筆耕の仕事を請負《うけお》い、収入を得ながら、西洋の知識を学んでいく。まさに、一石二鳥であった。

なかでもシーボルトの弟子で、蘭学者の高野長英《ちようえい》が邦訳した『三兵答古知幾《タクチイキ》』は、プロイセン（のちドイツ）の軍事学をオランダ語訳したものを、さらに日本語に翻訳したもので、歩兵・騎兵・工兵（砲兵）の「三兵」を動かしての「taktiek《タクチイキ》」＝戦術《タクティクス》について述べた解説書であった。

去る天保十年（一八三九）、幕府は蘭学者に対する言論の大弾圧をおこなったことがある。「蛮社《ばんしゃ》の獄《ごく》」と呼ばれるもので、事の起こりは、漂流した日本人をアメリカ船モリソン号が送り届ける、との情報がもたらされたにもかかわらず、幕府はこれを当時の、「異国船打払令《いこくせんうちはらいれい》」（無《む》二《に》念打払令《ねんうちはらいれい》）をもって対処しようとした一件に端を発していた。

「世界の情勢を知らぬ、なんという愚挙か――」

欧米列強のアジア侵略の推移をも知る、蘭学者の同好会「尚歯会《しようしかい》」をはじめとする〝蛮学社中《ばんがくしやちゆう》〟（略して「蛮社」）は、一斉に反発し、幕府の因循姑息《いんじゆんこそく》を批判した。

幕府はその後の阿片戦争のあと、天保十三年七月、イギリスが日本の打払令に腹を立て、近々、攻めてくるかもしれない、と六月にオランダ商館長として赴任してきたピーテル・アルバート・ビッキ（ビック）から耳打ちされるや、顔色を青白にして、急ぎこの法令を「薪水給与令《しんすいきゆうよれい》」に改めた。戦ってイギリスに勝つ自信はなく、まして欧米列強がこぞって挑んでくれば、為《な》す術《すべ》がなかったからだ。

にもかかわらず、幕府はこのオランダ情報を、諸大名に伝えることはなかった。蘭学者に対しても、攘夷の不可能を頰《ほお》かぶりしたまま、徹底した弾圧に及んでいる。

このおり「蛮社の獄」で捕えられた高野長英は、終身刑をいい渡されたものの、火事に託《かこつ》けて伝馬町《てんまちょう》の牢を脱走。幕吏に追われて、ついには自害の道を選ぶのだが、潜伏中に『三兵答古知幾』を訳出していた。房五郎が筆耕していたときは、すでに高野はこの世にはいなかった。が、彼の結晶は残り、日本に幸いしたことになる。

逃亡の途中、高野は幕臣・勝麟太郎《りんたろう》（号して海舟）のもとを訪ねたが、勝はこの見知らぬ同学の先輩を匿《かくま》うことができなかった。「蛮社の獄」は、のちの「安政の大獄」と実によく似ていた。かかわれば、確実に死を要求される。そういう時勢であった。

勝で思い出すのは、彼も房五郎と同様に筆耕をしていたことである。

とくに、ヘンドリック・ヅーフというオランダ商館長がまとめた、日蘭辞書『ヅーフ・ハルマ』(あるいは『和蘭字彙《じい》』）は、蘭学基本の参考書、辞書として著名であり、安政五年（一八五八）六月、日米修好通商条約が結ばれてようやく幕府は、『ヅーフ・ハルマ』の公刊を許し、幕府の御典医・桂川甫周《ほしゅう》が改訂して、出版（『和蘭字彙』全十四巻）にこぎつけた。が、この辞書は、当初から稀覯本《きこうぼん》扱いであった。当時の価格にして、別版全五十八巻が六十両。ざっと、今日の二百四十万円ほどの値段がした。

学問をすること、新しい分野の知識を得ることには、篦棒《べらぼう》にお金がかかったのである。

余談ながら、先に触れた伊東玄朴はこの『ヅーフ・ハルマ』二十一冊（写本）を持っていた。ところが彼の門人で佐賀藩士の佐野栄寿《えいじゅ》という医学生が、江戸で遊蕩《ゆうとう》を覚え、その借財がかさみ、ついには師の貴重な『ヅーフ・ハルマ』に手を出し、これを質屋に入れて金三十両を得る。

むろん、玄朴からは破門されたが、この人物はのちに、佐賀藩の海軍勃興に参画し、明治維新後には政府の技術系官僚として栄達している。農商務大臣にまでなり、一方で日本赤十字社の前身、「博愛社」を創設した。後年の名を、佐野常民《つねたみ》という。彼はのちに、長崎海軍伝習所で勝とも出会い、前島とも縁を持つのだが、それは後年の話。

——閑題《さて》、『ヅーフ・ハルマ』である。

もとより貧乏な蘭学生であった勝に、これを購入する大金はなかった。だが、彼も房五郎同様、諦めは悪い。目的は『ヅーフ・ハルマ』を読み、己れの知識に磨きをかけることだ。稀覯本そのものが欲しいわけではなかった。

目的のためには、手段を変えればよい、と考えた勝は、購入を諦めて一年間十両の損料（写し賃）を払い、所有者から借り出し、一ヵ年で二部ずつを筆写した。現在なら複写機《コピー》で、あるいは走査機《スキャナー》で瞬時に写せるが、昔はそうはいかない。すべて書き写さねばならなかったが、これがまた煩瑣《はんさ》な手続きと作業をともなった。

和紙に陶砂《とうさ》（ミョウバンとニカワを溶かした液）をひき、インクが紙に滲《にじ》まないようにして、手作りのインクを調合し、アヒルの羽根を削ったペンを用いた。

勝は一部を手許に残し、もう一部を売却して得たお金で損料を払うとともに、幾許《いくばく》かを家計の足しにしている。彼の二十五歳から、二十六歳にかけてのことだ。

勝の蘭学がわずかな年数でめざましい進歩をみせたのも、やはり、そこには忍耐と努力につぐ努力があった。人はともすれば己れの才能の不足を嘆いて、目的の成就しないことを、素質や周囲・環境のせいにしがちである。たしかに、そうした現実を完全には否定できない。しかし反面、あたら立派な才能に恵まれながら、際立った成功を収められずに終わる人も少なくない。

その理由は、往々にして忍耐と努力の欠如、不足にある。

❖生き方を一変させた「黒船」の来航

房五郎の懸命な生き方は、決して勝に劣るものではなかった。彼は高野長英の『三兵答古知幾』を、前後三回筆写したという。おかげで、三度目になると内容も理解でき、他人にその戦術論を講義できるまでになったという。

こうしているうちに、嘉永六年（一八五三）六月三日がやって来た。幕末に生きる十代、二十代の多くの青少年にとって、人生の一変する出来事が勃発する。

アメリカ東インド艦隊司令官マシュー・カルブレイス・ペリー率いる黒船が、浦賀へ入港し、日本に開国を迫ったのだ。

通史はここで江戸市中が恐慌《パニック》となった、と述べるが、千石船《せんごくぶね》の二十五倍の巨船を見せつけられた江戸っ子は、魂消《たまげ》たかもしれない。が、ペリー来航は事前に幕府へ通知されていた。さらには、太平洋を漂流し、アメリカ合衆国で教育を受けた元漁師のジョン（中浜）万次郎の帰国もあって、アメリカの国情も幕閣はすでに周知していた。

問題は、一部有識者（とくに西洋流兵学者）の〝動天驚地〟だった。なぜ、彼らが一斉に恐慌を引き起こしたのか。幕末の動乱が急に、始まったのか。すべては、日本の西洋流兵学に知識のある人が、ペリーの黒船が搭載していた最新兵器「ペクサン砲」を正しく認識できたことが、起因《スタート》であった。

「来年、また来ます――」

といって錨《いかり》をあげたペリーの艦隊は、そのまま湾内を測量しつつ品川沖に入って来た。

ある地点に到達したとき、日本の有識者は一斉に恐慌を引き起こす。彼らは弾道計算ができた。三キロメートルから三・五キロメートル先まで、正確に飛ぶペクサン砲は、その地点から一撃で江戸城本丸を狙えたのである。一発撃たれれば、江戸城の本丸は木端微塵《こっぱみじん》となり、誤射されれば〝八百八町《はっぴゃくやちょう》〟は瞬時にして火の海となった。

日本人は今も昔も、変わらない。尻に火がつくような切羽詰《せっぱつ》まった局面を迎えないと、物事の深刻さが理解できないようだ。全体として〝構想力〟が薄いのかもしれない。

もっとも、海外知識を持たず、戦《いくさ》に無縁の庶民は、物珍しそうに黒船を見物していたが、彼らは恐慌などまったく来《きた》していなかった。

この点、房五郎は中途半端な位置にいた。彼はのちに、次のように回想している。

「此《こ》ノ遭《あ》ヒ難《がた》キノ時〈国家ノ多難ノ際〉ニ遭遇ス。豈《あ》ニ徒《いたず》ラニ生涯ヲ医ノ小技ヲ以《もっ》テ終《お》ユヘケンヤ。須《すべか》ラク志ヲ勃興シ、微力ヲ国ノ大事ニ尽《つ》スヘシ〈今日ノ急務ト云ヘルハ海防策ニ過クルハナシ〉ト」(『行き路《みち》のしるし』)

房五郎の持ち味は、思いたったらすぐに行動に移す点にあった。

〝構想力〟の修正作業が、素早いのである。これまでの蘭方医しかり、江戸入りしかり。ペリー来航も、西洋兵学を聞きかじって、予想外の事象に出くわした彼は、まず体を動かして情報収集、自らが黒船との遭遇を体験している。

幕臣で浦賀奉行の井戸石見守弘道《いどいわみのかみひろみち》が、ペリーの応接使として浦賀へ赴くこと、その石見守が行列の小者を求めていることを知るや、房五郎は口入屋《くちいれや》（職業斡旋屋）にかけ込み、自らを石見守の小者に推挙してほしい、と頼み込む。

「両刀をはずして、奴《やっこ》の姿となって下さるならば、ご希望をかなえましょう」

そういわれて房五郎は、口入屋の言にしたがい奴となって、ペリー艦隊を肉眼で見た。自らの目で、江戸開闢《かいびゃく》以来の大事件を確かめた彼は、ここで医術を学んで立身しようという、これまでの目的を捨てる。幸い『三兵答古知幾』は理解したつもりである。房五郎は、国難を救う〝志士〟に自らを擬《ぎ》した。黒船を見て、一応の好奇心を満足させた彼は、奴らしくない言動をあやしまれ、正体がばれそうになると逃走する。

この〝逃げる〟という行為は、この人物の前半生の〝十八番《おはこ》〟となるが、これは一面、何ものも持たない者の、最後の手段＝三十六計でもあった。

ついでながら、房五郎を浦賀に誘《いざな》った井戸は、のちに大目付に転じ、海防掛をかね、安政元年（一八五四）七月には、幕府軍政改革の軍制改正用掛を拝命している。が、残念なことに、在職中に他界した。

黒船を目撃した房五郎は方法を転換。新たな〝動機づけ《モチベーション》〟を救国の志士として、己れの人生を考え直した。素朴な攘夷にめざめた彼は、居ても立ってもいられなくなり、欧米列強から国を守る海防＝国防の要《かなめ》ともいうべき、黒船を迎え撃つ砲台を、長崎や博多、大坂などの港湾に実見すべく旅に出る。

それが自らの将来にどうつながるのか、といった具体的な計算が、房五郎にはまだなかった。〝構想力〟を築く断片《ピース》＝情報を集めていた、と解釈できようか。年が改まれば、彼も二十歳。今日なら、実社会に出る前の、学生といったところであったろうか。

昨今の若者は冒険を好まない、とよく耳にする。その一方でインターネット上の情報はこまごまとチェックしているようだが、彼らには〝構想力〟に必要な実感が得られているのだろうか。本当に歩いた者でなければ、その道の何たるかは理解できない。

江戸から信濃路をとり、越後街道へ入って一度、郷里に立ち寄った房五郎は、母と異母兄に再開した。そのうえで北陸路を抜けて、山陰地方から馬関《ばかん》（下関）を経由し、豊前小倉《こくら》（現・福岡県北九州市）に上陸。博多から海岸沿いに長崎へ、南下して肥後（現・熊本県）から日向（現・宮崎県）にいたった。

本当は薩摩に入国したかったのだが、彼《か》の地は二重鎖国の国柄。うっかり領内に迷い込めば、間違いなく叩き斬られてしまう。のちに房五郎は薩摩藩士に転身するのだが、人間は誰しも己れの未来を知らない。思い直して、豊前佐賀関《さがのせき》（現・大分県大分市佐賀関）から四国へ渡った。伊予国（現・愛媛県）へ。伊予宇和島藩の藩主は、〝幕末四賢侯〟の一人にあげられた伊達宗城《だてむねなり》である。維新後、前島密の上司として日本郵政事業の総監督をつとめることになるが、もとよりこの時点でうかがい知れることではない。

「土佐に行こうか」

とも房五郎は思ったようだが、この国も薩摩同様に入国が難しかった。別段、二重鎖国を敷いていたのではない。四国山脈が行く手を遮《さえぎ》るようにして聳《そそ》り立ち、陸地から土佐への入国を阻んでいた。

伊予から讃岐（現・香川県）へ出て、船で紀州へ上陸。伊勢路をめぐって三河にいたり、東海道に入って伊豆下田に到達、船便を待って江戸へ帰着した。

❖正統を学ぶ――日本の西洋流砲術の系譜

この大旅行――懐《ふところ》のさびしい房五郎は、常に野宿を前提としたが、まだ日本オオカミが各地に出没している。山犬もいた。食い殺されはしまいか、と思うと、さすがに疲れてはいても、眠ることができない。これでは旅をつづけられない。

色々と苦慮した末に、房五郎は野宿のおりに線香を、頭と足の先、体の左右に数本立てることを思いついた。ほとんど気休めにしかならなかったが、本人はこれで安眠できるようになった、といい、日本オオカミや山犬もこの厚顔の男は噛まなかったようだ。

だが、数本の線香に囲まれながら、房五郎は猛省した。

いたずらに、血気に駆られて諸国を巡ったが、それがいったい何につながるというのか。遅まきながら、己れの行動を省みたわけだ。

「学無《な》くして徒《いたずら》に妄動《もうどう》するは、実に狂者の所為」（「逸事録」・『鴻爪痕』所収）

砲台の立地を見てまわっても、肝心の砲台を築く技術が自分にはない。まずは、専門の学問であろう。では、〝学〟を具体的にどう身につけるか。次の関門であった。

江戸に戻った房五郎は、旗本・設楽弾正《したらだんじょう》の屋敷に下僕として住み込む中で、この弾正の実兄が、幕末にその開明ぶりを謳われた岩瀬忠震《ただなり》であることを知る。

忠震はペリー来航時の、老中筆頭・阿部正弘の抜擢を受け、目付から海防掛専任となった逸材。海防掛は、のちの外務省のルーツといってもよい。

日露和親条約の調印にあたり、忠震は日米修好通商条約の調印にも全権として活躍している。阿部老中が急逝し、大老・井伊直弼《なおすけ》が出現するに及び、忠震は忌まれて免職・蟄居《ちっきょ》を命ぜられ、文久元年（一八六一）七月、四十四歳でこの世を去った。

この忠震に、なんとか教えを乞いたい、と希《こいねが》う房五郎だったが、海防掛の要職にあった忠震は超多忙である。おいそれとは、機会《チャンス》はめぐってこなかった。が、それでも二度、

その謦咳《けいがい》に接する機会があったという。「自叙伝」(『鴻爪痕』所収)に拠ると、

凡《およ》そ国家の志士たる者は、英国の言語を学ばざるべからず。英語は米国の国語となれるのみならず、広く亜細亜《アジア》の要地に通用せり。且《かつ》英国は貿易は勿論、海軍も盛大にして文武百芸諸国に冠たり、和蘭《オランダ》の如きは萎靡《いび》不振、学ぶに足るものなしと。

この忠震の見識は、さすがといわねばならない。

ただ、房五郎はそのまま洋学＝英語学習には進んでいない。まだ時代は蘭学中心であり、彼は砲台を築くためにも、西洋流砲術の大家《たいか》・下曾根金三郎のもとに入門した。安政二年(一八五五)の春、二十一歳のときである。順当といってよい。

ここで少し横道に逸《そ》れて、日本の西洋流砲術の歴史と系譜《つながり》を見ておきたい。

「天才の己れにできないものなど、この世にはない」

と蘭学に突如、挑んだ人物に佐久間象山《しょうざん》(ぞう

佐久間象山(1811－1864)
国立国会図書館蔵

ざん、とも）がいる。

彼は信州松代藩士であり、藩主・真田幸貫《ゆきつら》が老中海防掛（海岸防禦御用掛《ぼうぎょごようかかり》）となったことから、国防の研究を命ぜられ、箕作阮甫《みつくりげんぽ》、鈴木春山《しゅんさん》ら当代に名の知られた蘭学者の意見を聞き、有名な「海防八策」をまとめた。そのうえで象山は、当時すでに西洋流砲術の大家として著名であった、伊豆韮山《いずにらやま》の代官・江川太郎左衛門《えがわたろうざえもん》のもとに、迷うことなく入門している。前出の下曾根の兄弟子でもあった。

この江川は諱《いみな》を英龍《ひでたつ》、坦庵《たんあん》（地元では坦庵《たんなん》と呼ばれる）と号しており、十三歳で江川家が代々つとめてきた、駿河・伊豆・甲斐・武蔵・相模に十万石余の支配地を有する韮山代官役所の事務（代官）見習に出仕している。十七歳までに文武両道・絵画・書道をこなしたという。その一方で彼は、蘭方医の杉田玄白に蘭学を学び、間宮林蔵の北海探検、伊能忠敬の沿岸実測などに影響を受けつつ成長した。

神道無念流――のちに長州藩士の桂小五郎（のちの木戸孝允《たかよし》）が学ぶ師・斎藤弥九郎とも剣術の同門であり、江川は正真正銘の免許皆伝の腕前。

兄の病死で嫡子《ちゃくし》にあげられた彼は、文政七年（一八二四）に代官見習となり、天保六年（一八三五）には父の跡《あと》を継いで代官に。俸禄百五十俵を拝領する身分となる。

韮山代官の公務のかたわら、管下の三分の一が海に面していることから〝海防〟にも早くから目を向け、旧守派の目付・鳥居耀蔵《とりいようぞう》と対立。すでに触れた「蛮社の獄」ではからくも連座を逃れたものの、二年間は出仕を控えさせられている。

天保十二年に、長崎町年寄で日本の西洋流砲術を独力で組み立てた〝開祖〟ともいうべき、高島秋帆が出府したおり、江川はその門に入って奥儀を極めた。幕府は秋帆の存在そのものを恐れ、彼を獄へつなぐ。そうしておきながら、一の弟子である江川には、「高島流砲術」を広めよという。門人は四千余人に及んだ。

前述の象山は、漢学を総本山ともいうべき昌平黌《しょうへいこう》（昌平坂学問所）の儒官（学長）・佐藤一斎に学んだように、西洋流砲術も最高峰の江川を直接の師に選んでいる。

もし、江川の師である秋帆が讒《ざん》せられ、江戸で獄中生活を送ってのち、追放処分に処せられていなければ、象山は迷うことなく秋帆に直接、学んだはずだ。

江川と下曽根の師・秋帆は、長崎の町年寄を代々つとめる富豪の当主であり、そもそもは和砲を学んでいたが、欧米列強の軍艦には無力であることを知り、独自に西洋の軍学を研究して、本物の武器もオランダから輸入・入手し、実地演習へと研究領域を広げた人物。天保六年、秋帆は日本で最初の臼砲も鋳造しており、この頃、「高島流砲術」の一流を立てた。加えて、西洋銃陣（歩兵教練）をも独自に教授している。

その成果を人々の前で披露したのが、天保十二年五月九日、武蔵国豊島郡徳丸ヶ原

（現・東京都板橋区）での西洋砲術の演習であった。その直後、まず江川が入門し、ついで下曾根が、幕命もあり、秋帆の門を叩いている。

秋帆の西洋軍事学の水準《レベル》は、明らかに幕府を上回っていたが、謀叛の嫌疑をかけられた彼は江戸へ護送され、上伝馬町の獄屋に入れられてしまう。

❖書物だけで大砲を造った象山

弘化二年（一八四五）正月に入って、大きく時勢が変わり、「吟味仕直し」の結果、秋帆は「中追放」となり、武蔵岡部藩主・安部信宝《のぶたか》にお預けとなった。その後、江川の嘆願もあり、ペリー来航も重なって、秋帆はようやく赦免となる。十年十ヵ月余の歳月を経て、青天白日の身となった彼は、ここで〝嘉永上書〟を幕府へ提出した。

秋帆は阿片戦争における清国の敗因を、「火器」の優劣によるものと述べ、武備を怠った結果とも断じ、他国蔑視の風潮にもその要因を求めた。そして何より、彼は嘉永六年（一八五三）の時点で正々堂々、開国を主張したのである。

釈放された秋帆は、幕臣（小十人格）となり、「講武所」が設置されると砲術師範役を命ぜられ、機構名が「陸軍所」にかわる慶応二年（一八六六）、改名の十ヵ月前、正月十四日に病没した。享年六十九であった。

佐久間象山はついぞ、この秋帆には学び得ず、その一の弟子・江川太郎左衛門の門へ、期待に胸を膨らませて入門した。秋帆―江川―象山の系譜がこうして出来たのだが、「高島流」は何しろ日本最初の近代西洋兵学だけに、実戦向けの操練に比重がおかれていて、なかなか大砲の製造や海防の秘策を講義してくれない。

加えて江川は、あまりに多忙でありすぎた。代官の職務をまっとうし、韮山に小型反射炉を試作したかと思うと、品川砲台築造・本郷湯島の大砲鋳造に携わるなど、八面六臂《はちめんろっぴ》の活躍をしたが、それは彼を過労死に追い、安政二年(一八五五)正月十六日に五十五年の生涯を閉じることへとつながった。

その江川のもとに、生前に入門した象山は、

「お一、二、三、四……、こんなこと、いつまでもやってはおれぬわ」

それでなくとも、自負心《プライド》の強い彼である。

半年もすると、骨組みの基本は理解し、銃を担いでの操練に我慢ができなくなった象山は、あっさりと先の見切りをつけて退塾してしまう。

その後、彼はどうしたか。房五郎同様、高島流砲術指南の許可を得ていた秋帆の二番弟子・下曾根金三郎の門を叩いている。下曾根はすでに見た秋帆の、江戸近郊の徳丸ヶ

原における西洋式軍事操練（天保十二年〈一八四一〉）のおり、幕府の鉄砲方として立ち会った人物である。江川に次いで、「高島流砲術」の指南許可を幕府より受けたが、下曾根にも公務があり、ここでも象山の思うようには教授を受けられない。

「ならばよい、自分でやるまでよ」

と象山がいったのは、大袈裟にいえば歴史的な宣言。否、宣戦布告といってよかった。

彼はこの先の、自習自得の道を選択したのである。前述したごとく、当時、伊東玄朴と並んで〝二大蘭方医家〟に数えられていた坪井信道《しんどう》――彼のもとへ相談に行った象山は、その門人・黒川良安《りょうあん》を紹介してもらった。何のためかといえば、この人物と交換教授をするためである。

つまり象山は、黒川に蘭学を学び、その見返りに漢学を黒川に教えることを考えたのだ。もっとも象山はこの時点で、三十四歳になっていた。当時としては晩学である。決して、楽な学問修行ではなかったろう。

西洋学は手広なものですから、精出してつとめねば進歩しません。それに私（象山）は晩学なので、格別苦学しなければ達成できません。昼夜となく勉強いたし、夜分も冬夏にかかわらず、九ツ八ツ（午前十二時から二時）になってしまいます。

（八田嘉右衛門宛ての書簡より）

知人への手紙で心情を吐露した象山は、それでも恐るべき速さで蘭学を習得していった。まったくオランダ語を知らなかった者が、アー・ベー・セーのいろはから入って、八ヵ月あまりで原書を読みこなせるようになったという。これがほかの人物の逸話であれば、うそだろうと思うが、この人ならばやりかねない。

現に、象山は極めて短い期間に蘭学者として名を上げている。その成功の秘訣は、象山に漢学の素養があったことだ、と筆者はみている。これはのちの、前島密こと上野房五郎にもいえることだが、オランダ語を読んで、その単語を諳《そら》んじることは、漢学の教養がなくとも決してむずかしいことではない。

困難を極めたのは、それを日本語に〝反訳《ほんやく》〟するにあたっての創語＝漢字であった。欧米諸国には存在していても、日本にはいまだにないものが沢山《たくさん》あり、蘭学の先人はそれを漢字に改めてきた。無論、清国にもない。見たことのないものを、自分自身はもとより、周囲にも日本語の単語で理解させねばならなかった。

明治維新をはさんで、幕末明治とそれまで日本にはなかった西洋文明が、雪崩《なだれ》のごとく入ってきたが、「弁論」「経済」「民権」「郵便」といった新造語は、このころ幾つも訳語が創られ、試行錯誤の末に明治日本に定着したものばかりであった。

象山は漢和辞典に匹敵する語彙《ごい》を諳んじており、また自ら単語を創ることもできた。加えて彼は、学習の手順＝基本→応用→実践を無視する。

いまだ片言しかオランダ語が読めないのに、ショメールの百科全書を引いて硝子《ガラス》の製造を試みたり、弘化四、五年（一八四七、一八四八＝嘉永元年）にはベウセルの砲術書を読み、いきなり三斤《ポンド》野戦砲一門、十二拇《ポイム》野戦砲二門、十三拇天砲三門を試作し、躊躇《ちゅうちょ》することなく実演試射をやってのけた。

この破天荒な度胸のよさは、象山ならではのものであったろう。無論、幾多の失敗も記録されている。砲身が破裂し、多くの怪我人が出たこともあった。それにともなう非難中傷も、それ見たことか、と殺到した。だが、めげるような象山ではなかった。

「なァに、古語にも三度肱《ひじ》を屈して名医になるというではないか。失敗はそれ、成功の基《もと》。諸大名も日本国のため、拙者に金をかけたがよろしい。天下広しといえども、拙者の他には、これだけのことがやれる者はいまい。度々、失敗するうちには、やがて名人になるおりもありましょうからなァ」

しかし、先進国であるヨーロッパの兵学者が、こうした象山の〝暴挙〟を聞けば、あるいは卒倒したかもしれない。どこの国に、系統立った学問を基礎から積み上げずに、いきなり成果だけを得ようと、砲術書を読みながら大砲を造る学者がいるであろうか。象山の凄味は、自らの大砲製造に自信を持ち、はやばやと嘉永三年（一八五〇）の秋、江戸で自ら開塾に踏み切ったところにも明らかであった。ときに、四十歳。

❖軍艦には軍艦をもって、あてるべし

——今一つ、蘭学の入門に関して、触れておかねばならない側面があった。幕末に興《おこ》ったこの学問には、重厚な〝伝統〟が存在しなかった、という点である。

日本では従来、稽古事の入門は文武ともに厳格な慣例を持っていた。たとえば、神仏の前で起請文《きしょうもん》を書き、教授内容は親兄弟といえども洩らしてはならない、などと、秘伝を受けるにも幾つもの段階を踏む仕来《しきた》りが存在した。

しかし、もともと同志的な結合により、全体が同好会のようにして発足した日本の蘭学には、漢学や武術の世界のような、重厚に特殊技能《ノウハウ》を蓄積してきた歳月がなく、その分、入門の手順、習慣も簡素で気ままなものであった。

そのため象山のように、次々と師を変えても問題にはならず、極端ないい方をすれば、教える方も入門者を厳密な意味での弟子、とは見なしていない場合が多かった。

勝海舟（1823−1899）
国立国会図書館蔵

たとえば象山の正室の兄は勝海舟だが、勝は象山の弟子か、と問えば、双方ともに、はて、と首をかしげたかもしれない。この両者の屈託《くったく》のなさこそが、まさしく新興の学問のなせる業《わざ》ともいえた。

ただし、勝にとって象山との出会いは計り知れない利益《メリット》をもたらしている。

勝は象山に出会って、「海軍」への具体的な目を開かされた可能性が高かった。

すでにみてきたように、高島秋帆―江川太郎左衛門・下曾根金三郎の西洋流砲術の流れは、全体としていまだ陸上砲術の域を出ていなかった。彼らの活躍が、台場を築いて洋式大砲を並べて、来襲する〝夷狄《いてき》〟を撃つという戦法に終始していたのが、そのわかりやすい例であろう。

房五郎が実地に沿岸部を歩いたのも、砲台＝陸上砲術を意識してのものであった。

しかし、海上を自由に移動する蒸気船が敵であった場合、必ずしも固定された陸上の大砲は有効な武器とはいえなくなる。「軍艦には軍艦をもって、あてるべし」――この発想は、象山の独擅場《どくせんじょう》であったように思われる。

彼は天保十三年（一八四二）——いまだ蘭学を本格的に始める前——の時点で、前出のごとく、藩主・真田幸貫《ゆきつら》の諮問《しもん》に答え、「海防八策」を提出しているが、この五項目には堂々と、「洋製に倣《なら》い、船艦を造り、専ら水軍の駈引《かけひき》を習わせ中度候事《もうしたく》」（西洋流の軍艦を造り、海戦戦術の訓練をすること）をあげている。

蛇足ながら、象山が海軍を語り、勝の目を開かせるシーンは、のちに龍馬を相手に、勝が演じる場面と重なって筆者には思い描けるのだが、読者諸氏はいかがであろうか。

象山の塾に龍馬が入門したのは、門人帳（「乃門録《だいもんろく》」）によって明らかであった。「嘉永六年十二月一日」——この年（一八五三）、前後して十五人の土佐藩士（郷士も含む）が入門している。

もっとも、翌嘉永七年（十一月に安政と改元）の正月、象山は門人で長州藩士の吉田松陰の、密航計画に荷担したことを理由に、幕府から国許《くにもと》の信州松代での蟄居《ちっきょ》生活を余儀なくされたため、龍馬が象山に学んだ期間は短いものであったろう。

だが龍馬は、この象山の塾における人脈を得つつ、土佐へ帰郷してのちも、彼は西洋流砲術の修行をつづけていた。下曾根の弟子である徳弘孝蔵の門に、再度入っている。

その門人帳には、

「安政六巳未歳九月二十日　坂本龍馬　直陰《なおかげ》（花押）」

とあった（直柔《なおなり》以前の諱《いみな》）。

龍馬の第一回の江戸出府に同行したのが、土佐藩士・溝渕広之丞《みぞぶちひろのじょう》である。龍馬より一年早く、象山のもとに入門していた、土佐藩の御持筒役＝西洋流砲術家であった。

房五郎は象山の弟弟子・下曾根のもとに、龍馬より四年早く入門したことになる。ただ龍馬は、それ以前に下曾根門下徳弘に国許土佐で学んでおり、西洋流砲術ではこの時点では、房五郎より水準《レベル》は上であったろう。もっとも、二人の前に大きく立ちはだかる現実があった。龍馬も房五郎も、肝心の海軍に参加する資格を持っていなかったのである。安政二年（一八五五）十月、幕府は長崎海軍伝習所を設立した。

遅まきながら、〝黒船〟には砲台ではなく、同じ〝黒船〟をぶつけるべきことに、ようやく幕府も思いいたったのである。本能を働かせる機会を、がんじがらめの制度でつぶしてきた幕府自身が、切迫する危機意識の中、失っていた〝構想力〟を蘇らせた、といえるかもしれない。のちに幕府内で頭角をあらわす勝、榎本武揚《たけあき》などは、この長崎海軍伝習所で学び、専門技術者《テクノクラート》として世に出て行くことになる。

その中で勝は都合四年、長崎にあったが、成果を一刻も早く江戸防備に当てたい幕府は、最初の伝習所御用船「観光丸」（オランダ製蒸気船スームビング号）を二年後にはオランダ教師団には内密に、江戸へ回航させている。

当初、この回航の実務を、幕府御船手頭で七百石取りの、江原桂助が担当するとの下馬評《げばひょう》があった。下曾根のもとで西洋流砲術を学び、時勢が陸上砲術から海上砲術、さらには海軍を求めていることを知った房五郎は、江原邸にもぐり込み、江戸における海軍伝習所に自らも加えてもらうべく〝修活〟をしている。が、江原の軍艦奉行就任は流れ、房五郎の伝習も実現しなかった。

❖房五郎、軍艦教授所に紛れ込む

落胆したものの、そこは房五郎である。転んでも、ただでは起きない。

明確な将来像は、黒船を自在に操るイメージであった。見通した先へ進むのであれば、別に江戸である必要はなかった。

江原邸にいた磐城平《いわきたいら》藩士の槇《まき》徳之進に、長沼流軍学の講義を受け、その奥義の伝書『兵要録講義』二十冊の筆写を許してもらいながら、房五郎は次の機会《チャンス》を待った。こちらからどうすることもできない局面では、待ちに徹するのも〝構想力〟の一環である。

余談ながら、この頃、彼が身につけた西洋兵学の雑多な知識は、長沼流軍学を凄い、とは思わない程度まで来ていた。雑学が海防へむかって、明確な知識となりつつあったわけだ。こうして時間を潰しながら、房五郎は「観光丸」の江戸回航をとりあえず待った。江戸の築地に講武所が設立され、ここに軍艦教授所が誕生する。

安政四年（一八五七）に「観光丸」が江戸へ回航されたおり、その運用長をつとめたのが竹内卯吉郎《うきちろう》（貞基《さだもと》）であり、彼は実兄の山本晴海《はるみ》とともに高島秋帆の門人であった。

卯吉郎は秋帆のもとで、西洋流砲術を学び、安政元年の時点で、海軍伝習の準備に来日したオランダ海軍のヘルハルドゥス・ファビウス中佐に、反射炉使用法や汽船操法を直接に学び、ついで長崎海軍伝習所に入所した経歴を持っていた。海軍の専門官《エキスパート》といってよい。

幕府は急ぎ、卯吉郎を軍艦操練所の教授とした。当然のごとく、彼にとりいった房五郎だったが、旗本・御家人に限られた伝習資格はどうすることもできない。そこで見習生の名目で、試運転に乗り組む便宜をはかってもらった。

最善が無理なら次善の策を、それが駄目ならさらにその次の策を考える。これも〝構想力〟にとって、重要であった。房五郎は常に、己れの〝持ち時間〟と戦っていた。

もっとも彼は士官候補生ではなく、一兵卒の見習いという待遇となる。

それにしても、なぜ、卯吉郎は見ず知らずの房五郎の願いを、兵卒とはいえ聞き入れてくれたのか。その不審を解くカギが、これまでみてきた西洋流砲術の系譜にあった。

卯吉郎は秋帆の弟子であり、房五郎の師・下曾根とは同門の関係にあった。房五郎は唯一無二ともいうべき身元証明＝西洋流砲術の学閥を、人脈として最大限に利用したのである。そのうえで、見習生の肩書きを得、軍艦教授所に紛れ込み、旗本・御家人の士官候補生とは身分が異なるため親しくはなれなかったが、機関学や航海術に携わる教師陣（多くは長崎海軍伝習所の一期生）には、積極的に自ら話しかけ、ありあまる疑問を、しつこく質《ただ》した。

教える方は迷惑がらず、こうした房五郎を大いに歓迎している。なにしろ、天下の直参《じきさん》は大半がやる気のない、国家の危機意識の低い、文弱の徒であったからだ。

それに比べれば、これまでも苦学してここまで懸命にやって来た房五郎には、少し専門的なことを話せば理解できる学識＝魅力、得《え》もいわれぬ説得力があった。学問の基本も、漢学・蘭学共に荒削りながら、一応はできている。

教授陣との問答の中で、房五郎にとって意外であったのは、海軍の専門知識ではなかった。彼らの語った〝経済〟――国を守るには海軍を興し、軍艦を揃えなければならないが、いまの幕府にはこの金がない、ということ。

これはのちの、「富国強兵」「殖産興業」につながる根本ではあったが、未来の海軍士官を目指す人々――日本の教授陣も含め――には、国防の要《かなめ》である海軍の興隆をはかる

武田斐三郎（1827−1880）
国立国会図書館蔵

ためには金が要る、との発想はあったものの、その先にあるべき軍費の調達＝貿易の振興をはかり、国力を豊かにしなければならない、との具体的な構想がなかった。

今日からすればあたり前のものが、士農工商の身分制の中では、商いは賤しいもの、商人の司るもの、武士のかかわるものではない、との〝常識〟が幅をきかせていたのである。身分制の狭間に生まれ出て、士と農の分限の際《きわ》に育ってきた房五郎の、マイナスがプラスとなりつつあったが、二十四歳となった彼も、では具体的にどうすれば軍費を得られるのか、となると雲を摑むようなありさまであった。

このまま、ここにいて〝経済〟を考えるべきかどうか——形勢の優劣が不明な状態、膠着《こうちゃく》状況に陥ったとき、まず心身を動かす。環境を変えながら、課題を考えつづけることも〝奇手〟として面白味があった。

少なくとも房五郎は、常に環境を変えて自分の力で考えつづけた。

そこへ、箱館に幕府の「諸術調所《しらべどころ》」が設立された、との情報がもたらされる。

しかも教授（所長）は、武田斐三郎《あやさぶろう》（成章《なりあき》）というではないか。

武田は緒方洪庵に学んだあと、安政三年に江戸へ出て、佐久間象山に入門。武田はそこで西洋流砲術に加え、西洋流の築城法をも身につけていた。

さらに彼は、安政六年に象山の推挙で伊予大洲藩の藩士身分から、一気に幕臣となり、航海術を学び、長崎や蝦夷地に派遣されてはロシアのプチャーチン、アメリカのペリーとの折衝にもあたっている。加えて、蝦夷地では箱館の弁天崎砲台、亀田の五稜郭などを設計、建設の指揮も執《と》っていた。

この武田が洋式兵術を教授すべく、箱館に「諸術調所」を設け、アメリカ船の船長を招いての航海術も披露している、というのだ。房五郎にとっては、調所の役人や伝習生に加え、外部の者にも門を開いているという点が、何よりの魅力であった。

「行こう、蝦夷の箱館へ――」

思い立ったら即、決行は彼の持ち味。房五郎は普段着と大小の刀以外はことごとくを売り払い、わずかばかりの路銀を準備すると、江戸で手に入る限りの紹介状をもらい、出発した。この時、上野房五郎は名前を「巻退蔵《まきたいぞう》」と改めている。

❖「巻退蔵《まきたいぞう》」と改名す

余談ながら、日本の幕末史に「前島密」の名は見当たらない。本名の上野房五郎も出てこない。登場するのは、「巻退蔵《まきたいぞう》」である。

通史はペリーの来航によって、本格的な〝幕末〟ははじまった、というが、日本中が真に大騒動となったのは、嘉永六年（一八五三）にアメリカ合衆国からやって来た、タウンゼント・ハリスが猛烈な恫喝《どうかつ》外交をやり、五年後の安政五年（一八五六）六月、日米修好通商条約を強引に締結《ていけつ》させた時からであった。

この年の三月に、「巻退蔵」は誕生している。二十四歳。『中庸章句《ちゅうようしょうく》』(儒学の古典思想書『中庸』の注釈書）の巻頭に、「中庸」を解説したくだりがあり、

其《そ》の書は始めに一理を言ひ、中ごろ散じて万事となり、末に復《ま》た合して一理となる。之《これ》を放てば則《すなわ》ち六合《りくごう》に彌《わた》り、之を巻《ま》けば則ち密に退蔵し、その味はひ窮《きわ》まりなし。

「これを巻けば、すなわち退《ひ》いて密なる深みの中に蔵《かく》れる」との意。

学問の初歩において、江戸時代の知識者は『中庸章句』を暗誦することから学問をはじめた。ちなみに前島の諱の「密《ひそか》」も、『中庸章句』のもとになった『易経』の中から採ったものである（明治になってから生まれる長男彌《わたる》も同断）。

さて、世の中は、まったく無名の退蔵の改名をよそに、幕府の定めてきた〝鎖国〟をやめて、〝開国〟に踏み込む時勢となった。もっとも、幕府に確たる方針はなく、ただただ欧米列強の武力を恐れての決定であったために、以来、日本中は上を下への大騒ぎがつづくことになる。

巻退蔵は途中、金華山《きんかざん》（宮城県石巻市沖にある島）で財布と紹介状を落とすという災難《アクシデント》にも遭遇しながら、持ち前の明るさ、社交性で土地土地の人々に助けられ、蝦夷地へなんとか渡り、どうにか目的地の箱館へ到着した。

出発前から、訪ねていくことを用意周到に計画していた、箱館奉行頭の栗本瀬兵衛（鯤《こん》）を前に、退蔵はやって来た目的を語ったが、栗本はその無謀を責めたものの、すでにその本人は目の前に来ている。しかたがない、と退蔵を許し、寝起きのできる住み家として、調役の山室《やまむろ》総三郎の屋敷を紹介するにいたる。

〝構想力〟は具体性、未来への嘱望が強ければ強いほど、大いなる説得力となって、対する人々を協力者に変えていく〝力〟があった。

この退蔵に頼られた栗本は、その号の鋤雲《じょうん》のほうが通りがいいかもしれない。幕府の医官・喜多村槐園《きたむらかいえん》（諱は直寛《なおひろ》）の三男で、安積艮斎が羽交《はがい》の中に抱きこむようにして八歳から学問を教え、天保十四年（一八四三）に昌平黌に入った。覚えがよすぎるというきらい（傾向）があり、幕吏登用試験を同年に受けて、あっさり甲科及第となっている。ときに、二十二歳。

先述の岩瀬忠震とは、同期の間柄であった。当然、退蔵は栗本の前で岩瀬のことを語ったに違いない。栗本は医師でありながら、欧米事情に関心が強く、このあたり退蔵と似ている。やがて職を免ぜられ、蝦夷地への移住を命ぜられた。六年の箱館在住を経て文久二年（一八六二）、栗本は箱館奉行の組頭《くみがしら》となる。

のちに江戸へ召還されてからは、外国奉行や幕府遣欧使節への同行など、外交交渉の場で腕をふるい、幕府瓦解《がかい》後には、新興のマスコミ界で明治日本に活躍。明治三十年（一八九七）三月に、七十六歳で亡くなっている。

さて、安政六年、ついに武田斐三郎の「諸術調所」への入所が許された退蔵だが、武田も多忙であり、講義は事実上、開店休業の状態であった。塾生たちはといえば、これ幸いと息抜きに余念がない。時間は有り余っているものの、退蔵には銭がない。彼は、「諸術調所」が所蔵する米人ボーデッティの航海書ほか、閲覧可能な洋書を片っ端から独学で読破していく。

わからないことは、先輩に尋ねた。そのうち、「諸術調所」には「箱館丸」というスクーナー型帆船（二～四本のマストを持つ、縦帆式の洋式帆船）が所有されていることが知れる。聞けば、実習費が捻出できなくて、そのまま港につながれているのだという。

ここでも退蔵は、海防の急所ともいうべき〝経済〟に直面する。

退蔵の〝構想力〟は懸命に考えた。どうすれば目前の「箱館丸」は動くのか、と。動かす軍費がない。ならば、商いをしてはどうか。蝦夷地の海産物を「箱館丸」に乗せて大坂へ運び、それを売って、その収益で実習費をまかなえばどうか。

周囲の武士からみれば、退蔵の思いつきは禁じ手、常識外の構想と映ったに違いない。武士としては、最初に捨てる発想、愚案であったろう。

だが、〝構想力〟を考えるとき、一番最初に捨てた着想《アイデア》が、実はあとから検証した場合、最も良かった、という事例《ケース》は少なくない。

その証左に、この時も退蔵が師の武田にはかると、「それはおもしろい」ということになった。彼も教えることや、実習そのものが嫌いなわけではない。何分《なにぶん》にも先立つものがなく、それをどうやって工面するかの才覚が、武士であるがゆえになかっただけであった。

ここで重要なのは、どうしていいかわからない局面を解決する方法——先の言葉では、禁じ手、常識外の構想——は、突然、わが身に降ってくる〝天啓〟のようなものではない、ということだ。間違いなくその局面を構成している場所、全体の中に、答えは隠れている、と認識すべきである。

おそらくこうした発想＝無から有を生じる〝構想力〟が、退蔵に浮かんだのは、彼が農民と武士との間を往来して、生きてきたことが大きかったように思われる。のちの前島密を創りあげた源泉かもしれない。

❖龍馬を生命《いのち》の恩人という男との邂逅《かいこう》

七月のある日、陽はのぼって箱館港内は青く染まった。箱館丸は日本海の測量を名目として、昆布を積み込み、いざ航海へ。

佐渡—隠岐—馬関（下関）—長崎—泉州堺と七ヵ月の航海を経て、退蔵たちは箱館へ戻ってきた。このあと彼は、一人の男と出会う。

「江戸は大変でございますな」

その男は、退蔵にそっと話かけてきた。下僕で、名などは取ってつけたようなものであったろうが、男はこっそりと、自らの本名を山本数馬《かずま》と明かした。奉行頭・栗本瀬兵衛への添え書きを頼りに、無一文の退蔵は、諸術調所の調役・山室総三郎の家に寄寓《きぐう》することになり、その見返りに総三郎の子・源太郎の家庭教師をもつとめることに。下僕の数馬は、この山室家の炊夫《すいふ》として雇われていた。

ついでながら、家の主人である山室総三郎は、佐倉藩の藩医で「順天堂」の創立者である佐藤泰然《たいぜん》の長男であった。次弟に松本良順《りょうじゅん》(のちに明治政府の軍医総監)、三弟にのちの林董《はやしただし》(明治の駐英大使)がいた。やがてこの二人とも、退蔵こと前島密は知り合うこととなる。

さて、正体を隠して箱館に移り住んでいた山本は、後日、箱館神明宮《しんめいぐう》(現・山上《やまのうえ》大神宮)の撃剣大会に突然、出場。隠していたその剣技を人前で披露し、土地の剣術師範に迎えられ、宮司の沢辺家の跡を継ぎ、名を沢辺琢磨《たくま》と改める。

が、その素性は実は、逃亡中の土佐脱藩郷士であった。

山本の北への旅は、安政三年(一八五六)七月二十一日、ハリスがアメリカ総領事として下田に来着したことに、わずかながら関連していた。

通商の自由および通貨交換比率の取り決めを、ハリスが強談判《こわだんぱん》で幕府の下田奉行に迫ったのが、八月二十七日のこと。幕府はハリスに押されながら、翌四年十月二十一日には、彼の江戸城への登城を許し、通商条約の締結をめざすハリスの談判に、大きく弾みをつけさせてしまう。

この間、幕閣とハリスとの談判が決裂すれば――否、かならずや決裂し、攘夷の戦争＝日米決戦がおこなわれる――と、日本国内の三百諸侯は思い込んでいた。

江戸期の幕藩体制は、軍役の体系《システム》に拠って構築されている。土佐藩の藩士・郷士を対象とした臨時御用は、まさにこの時期と一致して実施された。

坂本龍馬も、その盟友・武市半平太《たけちはんぺいた》も共に、江戸表へ出陣している。行動を共にした郷士の一人に、龍馬の父方の縁者である山本もいた。

臨戦態勢に入っていた江戸滞在のおり、暇を持てあました山本は、同輩の田那村《たなむら》作八と共謀し、商人を威《おど》して時計二個を巻きあげ、それを飲み代にかえるべく、古物商に持ち込んだ挙げ句、それがバレて御用になるという不始末を引き起こしてしまう。

龍馬と武市が奔走し、時計を持ち主に返して、事件そのものは決着がついたものの、謹慎すべき山本は動転して、ここで遁走《とんそう》。一説に、切腹させられそうになった彼を救うべく、龍馬が逃したとも伝えられている。

「龍馬は生命《いのち》の恩人です」

山本は正体を明かし、親しく交わった退蔵に、ほろ酔い気分で語ったようだ。

退蔵が聞けば、龍馬も自分と同じ天保六年（一八三五）の生まれではないか。退蔵はこのあと、龍馬と出会う時期を持つが、この時点では詳しくは知らない。

退蔵とかかわった山本数馬（のちの沢辺琢磨《たくま》）は、開国により文久元年（一八六一）、ロシア正教会の司祭ニコライが箱館に来航し、教会堂を建てて布教にあたったおり、神社の神主としてニコライを説伏《せっぷく》しようと、たびたび教会堂を訪問したが、宗門論争にかえって敗れ、山本のほうがキリスト教の信徒となってしまった。

明治維新を迎え、信仰の自由を保障され、正式に洗礼を受けた「沢辺琢磨」は、正教会の司祭（日本人で最初）となり、大正二年（一九一三）六月に七十九歳で死去している。明治十年代に巻退蔵こと前島は、琢磨の活躍ぶりを偶然に知り、再会して旧交を温めようとしたが、そのときすでに琢磨は、口患にかかっていて、会話をすることができなくなっていた。

もしも彼が箱館にあって、生前の龍馬に手紙かなにかで、退蔵のことを伝えていたとすれば、龍馬はさぞかし、自分とよく似た男に驚嘆したに相違ない。

その後、もう一度、退蔵は日本一周の航海をおこなっている。

人は誰しも、禁じ手の使用、常識外の構想が浮かんでも、それを実行するのに躊躇《ためら》うものである。常識にとらわれ、決断した場合の危険《リスク》を考え、実行もせずに、やはり無理だ、とあきらめてしまうことが多い。

だが、歴史は雄弁に語っている。社会の習慣、週刊、慣例といったものを、先に破った者が、常に勝者となっていることを。ただし、最初に踏み出した者の多くは、非業《ひごう》の死を遂げている。先駆者の多くが、しかりである。

彼らは勝敗を冷静に考えず、己れへの使命感を優先させ、目的と手段を混同し、結果として自ら死を招いたことが少なくなかった。〝構想力〟は勝利のためにあり、行動はその手段でしかない。〝構想力〟には、持ち時間がある。が、ぎりぎりまで考え抜く忍耐、理性が不可欠であることも、肝に銘じるべきかもしれない。

万延元年（一八六〇）十二月、奉行所支配組頭の向山栄五郎（のちの隼人正《はやとのしょう》・号して黄村《こうそん》）が帰府することになり、退蔵はこれに陪従して、江戸へ戻る。

元号が「文久」と改まった。幕末の動乱はこの頃、沸点に近づきつつあった。

第二章

成否を決する〝構想力〟の条件

巻退蔵の幕末の動き

❖ロシア軍艦、対馬占領事件

江戸へ戻ったのちの前島密こと巻退蔵は、長崎奉行所の調役《しらべやく》に任ぜられた旗本の従者として、改めて長崎へ。滞在は短かったが、瓜生寅《うりゅうはじむ》（はじめ、とも）という人物と、この時に知り合った、とのちに述懐している。

もと越前福井藩士の瓜生は、十五歳のときに父を失う。藩政の不祥事によって、処刑されたのである。そのため、一家は離散。独り京都に登った瓜生は、退蔵と同様に医学から蘭学の道に進み、さらに時勢を考えて英学修行を志して、長崎へ遊学していた。

彼とはこのあと、退蔵は多くの因縁《いんねん》を持つことになるが、それはのちの話。

それよりも退蔵にとって、後年に大きな影響を与えたのは、万延二年（一八六一）二月（十九日に「文久」へ改元）のロシア軍艦「ポサドニック」による対馬占領事件であった。対馬に居すわるロシア兵に対して、周章狼狽《しゅうしょうろうばい》した幕府は、ときの外国奉行・小栗忠順《おぐりただまさ》らを現地へ派遣したものの、ロシア軍艦は容易に退却しようとはしない。

幕府はイギリスの力を借りつつ、改めて外国奉行の野々山丹後《たんご》守兼寛《かねひろ》を派遣。これに外国奉行組頭に昇進した向山栄五郎も随行することとなり、退蔵はさらにこの従者として同年八月、江戸を出発した。ところが中山道《なかせんどう》を採《と》った行列は、遅々として進まない。

「なぜ、いそぎ海路を採られませぬ」

苛立《いらだ》って問う退蔵に、向山は声を落として答えた。

「時間稼ぎをやっているのだ」

どういうことか。ゆっくりと時間をかけて対馬へ向かっているうちに、イギリスがロシア軍艦を撤去してくれる手筈《てはず》になっている、というのだ。イギリスも対馬の戦略的重要性は知っており、これをみすみすロシアに渡すわけはない、との判断に拠った。

その判断はよい。しかし、この企ての何処に日本の独立国としての尊厳があるのか。

「将来、ご公儀（幕府）は対馬を長崎のように、通商貿易の拠点にするつもりらしい」

とも、向山は語った。

退蔵は日本国の政府たる幕府の、なんともいえぬ弱腰外交、他力本願にあきれる思いがした。と同時に、海軍を増強するためにも、持論の〝国富〟の策を急がねばならない、と心底思った。が、対馬ではその拠点にはならない。もっと人口の多い殷盛《いんせい》の地を選ぶべきではないか。向山も同じ意見であったが、幕府は人の少ない遠隔の地だからこそ、対馬を開く考えであった。

四十日以上もノロノロと歩を進めた一行は、ようやく長崎に到着。ここでも無為に日数を重ね、十月下旬になってようやく、薩摩藩の「天佑丸《てんゆうまる》」を借りて乗船し、対馬に上陸した。なるほど、ロシア軍艦はいなかった。

イギリスが強行に対馬退去をロシア政府に迫り、その成果としてロシア軍艦「ポサドニック」は姿を消したのである。一行は遅まきながら、対馬全島を視察。ロシア軍艦が、永住に基づく準備をしていたことを再確認した。

「力のない国は、このように気安く、他国に版図《はんと》を略奪されるものなのか」

改めて退蔵は、〝列強〟と呼ばれる欧米先進国の野蛮さに憤りを感じ、幕府の国政がすでにその運営能力を欠いていることを思い知った。では、今の自分に何ができるか。対馬の帰路、退蔵はどうやら長崎に居残ったようだ。

すでに、航海術は修得していた。蒸気の機関学も、講義できるまでになっている。出雲松江藩や越前福井藩が汽船を購入すると、それに応じて操船技術を教導し、ときに回航の実務を担った。興味深いのは、このおり福井藩が手に入れた蒸気船「黒龍丸」は、神戸海軍操練所に貸し出され、海軍実習に使われるのだが、そのおり「黒龍丸」を操船して学んだのが、坂本龍馬であった。

その龍馬は、神戸海軍操練所の閉鎖にともない、幕府でも薩長両藩でもない、〝第三の勢力〟を結集すべく、軍艦を手に入れての〝私設海上藩〟を模索するが、その彼が頼りにしたのが「黒龍丸」であった。龍馬は、福井藩の前藩主・松平春嶽《しゅんがく》から「黒龍丸」の貸し出しを断られると、長崎土佐脱藩者たちと合流して、「亀山社中」に参加する。

つまり退蔵は、「亀山社中」の仕事を数年、先駆けていたことになる。

それはさておき、二年後の文久三年（一八六三）、長崎滞在中の退蔵は、舶来の『米国連邦志略』（別称『連邦志略』『大美《だいび》連邦志略』）という書物と出会った。のちの彼の活躍のことを思えば、なにかしら運命的なものをすら感じるのだが、この書物の中に「駅逓《えきてい》」（郵便）の制度が触れられていたことを、後年、退蔵こと前島密は回想している。

考ふるに、米国に於《お》ては、信書の賃料《ちんりょう》は、一切官之《かんこれ》を定むるなり。〈中略〉何れの時か、之を我国に採用し、以《もっ》て余（前島）が希望を充《みた》し、併せて国民一般の便利をも、謀《はか》らんものをと、心陰《ひそ》かに期する所ありき（「帝国郵便創業事務余談」・『行き路のしるし』所収）。

また、彼が長崎に滞在している間に、知り合ったアメリカ人ウイリアムズは、伝道のかたわら洋学＝英語を教えていたが、退蔵はウイリアムズにアメリカの通信制度についで質問したという。残念ながらウイリアムズは、そちら方面のスペシャリストではなく、

専門知識は持っていなかったようだが、至極当然のように、

「通信は所謂《いわゆる》血液にして、血管は即ち駅逓なり」

と、欧米先進国の常識を述べた。

ウイリアムズは自らに送られてきた手紙の束を取り出して、「これが駅逓だ」と、退蔵に指さした。封書の表面に「郵切手」が貼ってある。ウイリアムはこれを、アメリカ連邦政府の定めた賃料の標章だ、と語った。

退蔵はこの文久三年という時点で、切手を貼付した信書を見ていたわけだが、さすがに明治維新の理想を具現化する、〝郵便〟という方向性までは見出しておらず、切手の消印までは質問も及んでいない。のちにこのことが、彼を苦しめることになるのだが……。

ただ、忙《せわ》しく日本中を移動してきた退蔵は、この時点でのちの駅逓に関するいくつかのヒントを摑んでいた。『鴻爪痕』所収の「郵便創業談」には、前島自身の言葉として、「私の胸中に下して置いた所の一粒の種」という表現が語られている。

〝構想力〟を持つ者は断片《ピース》を決して、忘れたりはしない。

❖「亀山社中」を先取りしていた退蔵

長崎にありつづけた退蔵は、幕府が遣欧使節団を準備している、との情報を耳に挟み、その通訳官の候補に何礼之助《がれいのすけ》（のちの礼之《れいし》）の名前があがったことを人伝《ひとづて》に知る。常のことながら、退蔵の情報収集能力は図抜けて高い。人脈《ネットワーク》の成果であろう。

天保十一年（一八四〇）生まれの何《が》は、長崎の唐通事の職にあった人物。それが、選ばれて英語伝習所に入り、英語を学んだことから方向転換をすることとなった。

彼はこの頃、長崎奉行所の英語稽古所において学頭をつとめており、その洋学＝英語力はきわだって世に知られていた。何は心が優しく親切で、およそ功利性を持たなかったという点で、生まれながらの教師に向いていた、ともいえる。

遣欧使節団の通訳官は、当然の人選といってよかった。とはいえ、五歳年上の退蔵にとっては、何の存在は重大であった。なにしろこの通訳官には一名、ヨーロッパ行きの従者が許されている、との伝聞があったからだ。

「自分こそ、その従者にふさわしい」

退蔵は例によって例のごとく、旺盛な行動力を発揮した。

是《これ》に於《おい》て彼国《かのくに》の実況を概見したし、と熱望し居《い》たる余（前島）は、彼地《かの》に到らば止《とど》まるべき好機を見出すべきやとの空想に駆られ、何《いづ》れ、何等の準備も無くして、其《その》従者たらんと請ひしに、氏（何）は他に問ふ所も無く之《これ》を諾《だく》せり。（「自叙伝」・『鴻爪痕』所収）

直接の面談によって了解をもらうと、文久三年（一八六三）十二月（何日かは不明）、二人は筑前福岡藩の藩船「コロンビア号」（邦名・大鵬丸《たいほうまる》）に乗船して江戸を目指した。ところが運悪く、途中、汽罐《きかん》の漏水《ろうすい》などの故障が続出、ようやく江戸に着いたときには、すでに使節団は品川沖を出帆したあとであった（十二月二十二日出立）。

しかたなく、失意のまま長崎へ戻った二人は、何《が》のもとへ殺到する捌《さば》き切れない入門者を収容すべく、別に家塾を開くこととして、その塾長に退蔵が推挙された。

神戸海軍操練所の、隣接私塾における龍馬と、同じ待遇と思えばよい。塾の盛衰は偏《ひとえ》に、塾頭の手腕によって決まる。

ついでながら、何はのちに開成所教授へ転出。明治維新後は造幣局権判事などをつとめ、岩倉使節団の随員として欧米諸国を巡り、駅逓寮出仕図書局長、内務権大丞、元老院議官などを歴任して、明治二十四年（一八九一）、貴族院議員となっている。大正十二年（一九二三）三月、八十四歳で病没。

さて、退蔵の塾であるが、アメリカ人の宣教師フルベッキなども参加し、内容は短期日にきわめて充実している。塾生はまたたく間に、三百名を超えた。すでに、蘭学が時代遅れであるとの認識を、日本の若き学徒たちも持つようになっていた。

もし、このままこの家塾の経営を軌道に乗せていれば、退蔵は洋学者として世に知られ、後年、異なった地味な学校経営の世界に進んだかもしれない。

だが、塾は軌道に乗らなかった。否、退蔵が思いついた寄宿舎「培社《ばいしゃ》」が足を引っぱる結果となったのである。彼の学問が、裕福な龍馬などに比べると、著しく苦学を強いられたものであったことは、みてきた通りである。同様に、家塾にも、ほとんど着の身着のままの塾生が多数いた。

そこで退蔵は、同情心から低額の費用で寝泊りできる寄宿舎を開設する。舎の長に、ここで以前に知り合った瓜生寅を依頼し、退蔵は経理を引き受けた。禅寺の空堂《あきどう》（空き寺）で始めた寄宿舎「培社」は、またたく間に満杯となったが、寄宿生の大半は低額の費用すら持たない人々であった。退蔵は己れの私物を売って、米屋の支払いにあてたりしたが、もともと収支が合っていない。焼石に水であった。

仕方がないのでこれまで以上に、諸藩が長崎で購入した汽船の航海士・機関士に雇われ、物品を他郷へ運び、一方で翻訳ものも手がけた。くり返しになるが、彼のこうした行動は、のちの龍馬による「亀山社中」の、先取りをする形となった。

そうこうしているところへ、薩摩藩から洋学の教授として、退蔵に招聘《しょうへい》依頼がきた。「培社」の一人、薩摩藩士・鮫島誠蔵《せいぞう》（諱は尚信《なおのぶ》）の周旋によるものであった。

退蔵はもともと、洋学者を志してはいない。日本を救う道を探す途上、手段に洋学があったにすぎない。再三ことわったが、間に入った鮫島もしつこく食い下がった。

元治元年（一八六四）十月十七日、退蔵は根負けして薩摩藩の御雇《おやとい》となる。ただし、期間は一ヵ年とした。ところが決まった直後に、紀州藩が長崎で購入した蒸気船「明光《めいこう》丸《まる》」の機関士、航海士として、ぜひとも紀州まで乗り組んで廻船してほしい、との依頼がくる。こちらの方は、これまで幾つかの藩でも請け負ってきた本業（？）である。

こうした退蔵のような人物、専門技能をもった小集団は、おそらくこの頃、長崎に幾らもあったのではあるまいか。航海↓運搬↓輸送――こうした図式は退蔵の場合、すでに箱館時代に考案し、実践してきたものであった。

のちの「亀山社中」との違いは、資本＝薩摩藩の全面支援があったか否かであったろう。蛇足ながら、このおり退蔵に依頼の来た「明光丸」は、やがて龍馬との間に〝いろは丸事件〟を引き起こすことになる。龍馬の「いろは丸」にぶつけて、大破させた加害者の蒸気船となるのだが、もとより退蔵も龍馬もこの時点では知る由《よし》もない。

薩摩藩との約束の手前もあったが、「培社」の窮状も救わねばならない。

紀州への「明光丸」の廻船を引き受け、この任務を終えて十二月末に一度、長崎へ戻ってくると、退蔵には今度は「培社」の危機が待っていた。同輩の瓜生が、こともあろうに退蔵から、「培社」の仕事として周旋された翻訳の仕事で、前金を半額受け取りながら、「培社」の経費にそれを入れず、自分の愛人に使ってしまったというのだ。

寄宿生たちはこの行為に納得せず、一方、瓜生はどこ吹く風。一触即発の対立に、事情を知らずに返ってきた退蔵は巻き込まれることになる。しかたなく、「培社」は閉鎖。退蔵はそれでも瓜生の学才を惜しみ、こうした中にあっても、越前福井藩への復籍運動に奔走している。この人物はどこまでもお人好しで、自らはへとへとになりながら薩摩藩へ赴いた。

❖大久保に商船事業を説く退蔵

その船の中で退蔵は、西郷吉之助（のちの隆盛）と出会ったものの、このとき二人は、会話する時間を持たなかったようだ。しかし、薩摩藩での退蔵に対する待遇は、いたれりつくせりであった。

ただ閉口したのは、担当した洋学――薩摩藩の「開成学校」の生徒が、日ましに増え、到底、一人では捌《さば》き切れなくなったことである。

そこで退蔵は、「培社」の寄宿生であった林謙三と橘恭平《たちばなきょうへい》の二人を呼び寄せ、己れの助手とした。なぜ、生徒が増えたのか。もとより時勢が英語を使える人物を必要としていたことがあげられるが、今一つ、退蔵の教授方法がきわめて実践的であった点を忘れてはならない。

後年、明治になって英語を学校で学んだはずの日本人が、イギリス人やアメリカ人を前にすると、途端に困った顔になるのを見て、退蔵、のちの前島密はいっている。

「なんだお前たちは、何年も英語をやっていて、挨拶さえできないのか。英語はな、しゃべれなければ意味がない」

ついでながら、助手となった林は、のちに名前を改め「安保清康《あぼきよやす》」と称し、海軍中将として、男爵にあげられている。もう一人の橘は、のちに〝逓信〟の一大拠点となる神戸郵便局長となる人物である。

さらに蛇足ながら、何礼之助のもとで英語をともに学んだ退蔵の同僚には、徳島出身の医者の卵・高橋賢吉《けんきち》がいた。この人は慶応二年（一八六六）に徳島に帰り士籍に列せられ、明治維新後、鹿児島に赴いて海軍所の賓客となったことから、新政府の中で栄進する道筋を得た。途中、名を芳川顕正《よしかわあきまさ》と改め、司法・内務・逓信などの各大臣を歴任することになる。

ちなみに、芳川が逓信大臣をつとめた任期中の明治三十五年（一九〇二）、前島は男爵を授けられることになり、当然、芳川の助力が考えられる。大正九年（一九二〇）に芳川は八十歳で没していた。無論、退蔵も芳川も自らの未来を知らない。

はじめは客分扱いであった退蔵に、薩摩藩では異例の藩士身分を与えるという好意を示してきた。「小姓与《こしょうぐみ》」といえば、西郷や大久保一蔵（のちの利通）と同じ、下級とはいえ歴《れっき》とした藩士の身分である。いかにこの藩が「開成学校」を、ひいては英語教育を重要と考えていたか、であるが、このおり学校の監督をする地位にあったのが、西郷と大久保の二人であった。多忙な二人は、滅多に退蔵の前には現れなかった。

大久保利通（1830－1878）
国立国会図書館蔵

頻度では西郷より、大久保が勝《まさ》った。

「この人は英傑じゃ……」

と退蔵が大久保を、心底から尊敬すれば、薩摩藩士になったこともあり、退蔵のその後、日本の歴史も大きく変わったかもしれない。だが、〝事実は小説より奇なり〟である。退蔵にはこの頃の、大久保の偉大さが皆目、理解できなかった。

ある時、藩士の奈良原繁《ならはらしげる》（寺田屋事件、薩英戦争で活躍。のちに沖縄県知事となる）の家に、退蔵が招かれたことがあった。大久保も同席しており、酒宴のたけなわで「キナハレ拳」を酔った大久保が挑みはじめた。この「キナハレ拳」は京洛でこの頃、流行していたお座敷遊びで、〝遊び心〟のまったくない退蔵には、同じ動作をくり返しておもしろがってやる、大久保が理解できず、その姿が滑稽にすら見えた。

「余（前島）竊《ひそか》（窃）に謂《い》ふ、此人《このひと》（大久保）は見掛けに似ぬ軽薄男子よな、或《あるい》は擬英雄に非ざる歟《か》と。即ち敬意を没却せり」（『夢平閑話』・『鴻爪痕』所収）

上司に敬意を払わない退蔵と、そのことを意に介さない未来の上司の大久保の、この時点での問答が、後世に伝えられている。

「お主《んし》は航海術と機関学をともに修めたと聞き申したが、そいは本当でごわすか」

退蔵は箱館でのこと、長崎での仕事について淡々と語った。

「どうであろう、わが藩はいま海軍の建設を急いじょる。願わくば、お主の知識を薩摩海軍に貸してくれんね」

薩摩海軍の士官、教官となってくれ、と口説いたのだが、退蔵には、この頃、すにで次の〝構想〟があった。

曰《いわ》く否《いな》、余は海軍士官たるを欲せず。商船事業の世話役たらんことを願ふ。顧《おも》ふに海軍の事、幕府及び諸大藩皆既《すで》に之《これ》に注意せり。故《ゆえ》に其《そ》の人競ひ出で其《い》の力大《おおい》に振はん。而《しこう》して商船の事に至《いたり》ては殆《ほとん》ど着目する者なきが如し。是れ本邦尚武の風ありて士を尊び商を卑《いやし》むの弊習に因《よ》るべし。余は自ら量《はか》らず此《こ》の卑商の弊《へい》を矯《た》めん（是正せん）が為め、商船事業の世話たらんと希望するのみ。（同右）

さしもの大久保も、幕末のこの時点で、日本全体の「富国強兵」「殖産興業」に思いいたっているわけもなかった。単に「迂闊《うかつ》」と、退蔵の言を一刀両断にした。それに対する退蔵の答えが振るっている。〝構想力〟の賜物《たまもの》といっていい。

余（前島）も亦其《またその》の迂闊に近きを知る。然《しか》れども余は信ず、十年を出《い》でずして今の迂《う》（遠回り）は変じて時の急《きゅう》となるを。若《も》し外洋貿易の機運来《きた》らず、沿海回漕に止《とど》まるとするも、商船事業の振起するに非《あらざ》れば国富は決して興隆すべからず。国富の興隆を謀《はか》らずして海軍の盛大を語るは蓋《けだ》し識者の取らざる所なるべし。必ずしも余が言を以《もっ》て迂疎《うそ》の贅弁《ぜいべん》（回りくどくて役に立たないむだ口）と為《な》す勿《なか》れ。（同右）

その通りだ、といいつつも、彼は十年もすれば急務となる、といったわけだ。

これを聞かされた大久保は、「色平《たいら》かならざるが如く曰く然り」、退蔵の言を不愉快に思い、「そうかね」とうなずき、本心では「一の奇言者」（ヘンなやつ）と思ったようだ。この時点での大久保には、退蔵ほどの先見性を求める方が無理であったかもしれない。

❖龍馬と退蔵をつなぐ伏線

少し、退蔵が薩摩に滞在していた前後の、日本史の年表を見てみたい。

文久三年（一八六三）七月二日　薩英戦争
八月十八日　八・一八クーデター
元治《げんじ》元年（一八六四）六月五日　池田屋騒動
七月十九日　禁門（蛤《はまぐり》御門《ごもん》）の変

七月二十三日　第一次長州征伐（〜同年十二月）
八月五日　四国連合艦隊の下関砲撃
元治二年（一八六五）正月二日　奇兵隊の馬関占領
三月二十二日　薩摩藩第一次英国留学生の出国
四月七日　幕末最後の元号「慶応」に改元
慶応元年（一八六五）九月十六日　英・仏・蘭・米の四ヵ国が幕府に兵庫港の開港を要求
九月二十一日　朝廷、将軍家茂に長州再征を勅許
十月一日　将軍家茂、安政五ヵ国条約勅許を朝廷に奏請
十月四日　朝廷の条約勅許（ただし、兵庫開港は認めず）

退蔵は大久保に自らの志を語ったあたりから、薩摩藩を抜けることを考えていたように思われる。なぜ、薩摩藩を見限ったのか。この藩は同化できない者に、寛容ではなかったからだ。

これは少し先の話だが、退蔵の後任として、勝海舟の弟子で龍馬の先輩にあたる赤松小三郎が、退蔵と同じように薩摩藩へ招かれ、こちらは洋式軍学を教授した。慶応二年

のことである。ところが彼は、己れの軍学のことごとくを伝授し、出身の上田藩に呼び戻されたため薩摩を去ることになった時、その口を封じるべく、帰国の途中、暗殺されている。慶応三年九月三日のことで、このとき赤松は三十七歳であった。

赤松が殺されたのは、切迫した維新の前年のことであったが、さすがに退蔵は、そうした殺伐とした空気を察知していたのかもしれない。

また、薩摩藩の外交——幕府を追いつめるために、本心は開国主義でありながら、あくまで攘夷を演じる不実な姿——が、耐えられなくなっていたとも考えられた。

たまたま、異母兄の上野又右衛門の大病が、友人たちの手を経て伝えられる。

退蔵はこれ幸い、と休職を願い出、慶応元年十二月一日に薩摩を出航し、江戸を経由して郷里に戻った。同月二十一日に、彼は故郷にたどりついている。すでに又右衛門は死去しており、その遺児・長一郎を退蔵はやがて引き取ることとなる。

幕末史はこのあと、慶応二年正月二十一日の薩長同盟へと進んで行くのだが、その前に、明らかにしておきたいことがある。退蔵の薩摩藩滞在中に、彼が坂本龍馬と会っていた可能性が極めて高い、ということについて。

——龍馬も、退蔵と相前後して長崎の地を踏んでいた。

元治元年（一八六四）二月の時点で、長崎出張を命じられた、幕府海陸備向《かいりくそなえむき》御用取扱の勝海舟は、龍馬の見聞を広めてやろうと、彼を同行させている。

のちに龍馬が、仲間たちとともに長崎へ大挙移住し、「亀山社中」を結成する伏線が、すでにこのときに求められるのは興味深い。脱藩して天下の素浪人となっていたき龍馬は、勝の計らいで前年＝文久三年二月二十五日、一度は土佐藩への帰参が叶っていた。

それはさておき、神戸海軍操練所の正式発足にともない、それ以前から神戸に来て、勝の私塾に学んでいた諸藩の士は、操練所へ移った。ゆくゆくは門扉を広く無条件で開放したい、と策していた勝だが、時勢は昨年の八・一八以来、彼にとって不利な風向きとなっていく。

京都における長州藩の完敗は、勝の企て——不偏不党の日本海軍の建設——をも挫《くじ》いてしまう。京都を占拠し、意気まさに天を衝く勢いを示す幕府＝〝一会桑政権〟（一橋慶《ひとつばしよし》喜《のぶ》・会津藩主松平容保《かたもり》・桑名藩主松平定敬《さだあき》）は、それでなくとも、かねてから幕府の枠をはみ出しつつあった勝を、すぐさま処分する方向へ動いた。

一転して苦境に立たされた勝は、次善の策として、新たに登場した島津久光《ひさみつ》（前藩主・斉彬《なりあきら》の異母弟）主導の薩摩藩や、山内容堂《ようどう》率いる土佐藩、松平春嶽《しゅんがく》をいただく越前福井藩などの〝雄藩〟首脳を京都に集め、公武合議の新たな仕組みを企画。龍馬をその連絡係にして奔走したが、その企ては各々の思惑もあり、空中分解してしまう。

勝に江戸への召還通告がなされたのが、十月二十二日——その一ヵ月半前、九月に入ると、大坂にあった勝のもとへ、薩摩藩を代表して「大島吉之助」を名乗る人物が訪ねてきた。西郷吉之助（のちの隆盛）である。

西郷はこの時まで、勝と面識はなかったが、長崎海軍伝習所時代に勝は、今は亡き先代薩摩藩主・島津斉彬と会っており、その愛弟子ともいうべき西郷のことを、斉彬の口から聞いていていた。

この日、勝とはすでに旧知の薩摩藩士・吉井幸輔と、越前福井藩の青山小三郎の両名が、西郷をともなって勝に引き合わせた。表向き、西郷の用件は幕府の要人である勝へ、長州征伐（第一次）の早期実行を迫ることであったが、その実は薩摩藩の閉塞した状況を打破すべく、手掛かり《ヒント》を得たいとして臨んだ会見であった。

勝はのちに、西郷とは百年来の知己《ちき》となるが、そもそも両者は出会いから、本音で向き合ったのがよかった。

「幕府を倒す以外に、方策はない」

といった意味のことを、勝は幕閣の無能ぶりをあげて語った。

いくら人材を投入しても、できる者は足を引っぱられてしまう。もはや幕府の屋台骨はどうにもならない。いまの日本を救うには、薩摩の島津久光、土佐の山内容堂、越前福井の松平春嶽、伊予宇和島の伊達宗城ら、天下に賢明で知られる諸侯が藩兵を京都に結集し、新しい政体＝「列藩同盟」を結成する以外にない、とも述べた。

❖なぜ退蔵は、龍馬を語らなかったのか？

これにはさしもの西郷も、思わず息をのむ。幕閣の中枢にある者が、まさかの武力政権奪取《クーデター》を説いているに等しい。この頃の西郷は、漸進《ぜんしん》主義者であった。なろうことなら、幕府という日本の公式政府をもって、昨今の国難を乗り切りたい、と考えていた。

逆説的には、幕府を肯定するところに、西郷の発想の行きづまりがあったといえなくもない。だが、彼の目前の幕府高官はこともなげに、幕府を無視してしまえというのだ。

西郷が勝との会見ののち、国許の大久保一蔵（のちの利通）に宛てた手紙が残されている。

勝氏へ初めて面会仕《つかまつ》り候処《そうろうところ》、実に驚き入り候人物にて、最初は打叩《たた》くつもりにて差し越し候処、頓《ひた》と頭を下げ申し候。どれだけか智略のあるやら知れぬ塩梅《あんばい》に見受け申し候。先《ま》づ英雄肌合《はだあい》の人にて、佐久間（象山）より事の出来候儀は、一層も越え候はん。

学問と見識においては佐久間、抜群の事に御座候えども、現時に臨み候ては、此の勝先

生と、ひどくほれ申し候。（元治元年〈一八六四〉九月十六日付）

勝と出会ったときの、西郷の感激ぶりが、よく表われている。

結局、十一月二日に江戸へ着いた勝は、十日になって「御役御免《おやくごめん》」を申し渡され、寄《よ》

合《あい》となって、それから慶応二年（一八六六）五月二十八日、軍艦奉行再勤を命ぜられて

復職するまで、約一年半を閉居することとなる。

一方、弟子の龍馬たちはほどなく、薩摩藩の保護下に入ることになった。勝という大

きな後楯を失った龍馬たち土佐藩再脱藩者たちは、完全に行き場を失ってしまう。藩に

戻れば、きびしい処罰が待っている。

実は京都に在った西郷は、大坂の勝と会う前に、その弟子である龍馬と会っていた。

八月中旬のことである。京都の薩摩藩邸に西郷を訪れた龍馬は、同月二十三日、神戸で

待つ勝のもとに帰ると、京洛の情勢を報告した。そのおり、

「西郷は馬鹿だ。しかし、その馬鹿の幅がどれほど大きいかわからない。小さく叩《たた》けば

小さく鳴り、大きく叩けば大きく鳴る」

と、勝に述べたという。彼の『氷川清話』にも、同様の挿話が出ている。

蛇足ながら、右の文中の小さく、大きくというのは、〝五経《ごきょう》〟の一つ『礼記《らいき》』の出典を応用した言葉のように思われる。

「之《こ》れを叩くに小《しょう》なる者を以《もっ》てするときは、則《すなわ》ち小《ちい》さく鳴り、之《こ》れを叩くに大《だい》なる者を以てするときは、則ち大きく鳴る」（小さなもので叩けば、小さな音が出、大きなもので叩けば大きな音が出る。質問が平易なものなら、師の答えもまた、それに応じて小さな平易なものしか返ってこないが、反対に、大きく深い道理をとらえて質問したものに対しては、大きく深い道理を持った答えが返ってくる。師は大きな質問をなし、大きく鐘を叩く者の来るのを待っている）

まさに、人と人との出会いそのもの――これまでの退蔵が教えを乞う姿も――を、この名言は語っていた。

ここで面白いのは、先に少し述べたように、神戸海軍塾の残党の中で、龍馬自身は独自に船を工面して、別途、活躍する意図を持っていたことであろう。蝦夷地開発計画である。彼にも退蔵と似た抱負があったのだ。

すなわち、京洛を取り巻く政局を睨《にら》みながら、龍馬は土佐人脈を使い、蝦夷開発の青写真を、御所をはじめ老中の水野和泉守忠精《ただきよ》にも語り、承知させたという。「黒龍丸」

は越前福井藩所属の蒸気軍艦であり、退蔵もその回航にかかわりを持った。神戸海軍操練所での訓練に借用していたが、「この軍艦ならば……」と龍馬は己れの人脈も踏まえ、考えた。失脚した勝の理想＝「一大共有の海局」構想を、弟子の龍馬が引き継ぎ、新天地・蝦夷そのものを第三の局の根本に据えて、再構築しようとしたのだ。

尊攘派の志士をこの蒸気船に乗せて蝦夷へ渡り、ここに拠点をもうけて貿易に従事しつつ、富国強兵の策を練る。のちに、勝の弟分ともいうべき榎本武揚がおこした行動＝蝦夷徳川藩の成立を考えあわせれば、強《あなが》ち絵空事《えそらごと》とはいい切れまい。

だが、最初の一手――軍艦にもなり得る蒸気船＝敵対勢力と対峙するための実力＝「黒龍丸」は借りられず、その構想は頓挫してしまう。

その渦中において――慶応元年（一八六五）の四月から十二月にかけて――この龍馬が、退蔵と会っていた可能性があった。同じ方向性を持つ二人が、辺隅《へんぐう》の国・薩摩でまったく出会わなかった、とは考えられない。二人には、共通の知人も多かった。

にもかかわらず退蔵は、この間の事情――薩摩藩を去ったことも含め――極端に言葉を濁《にご》している。この人物にしては、きわめて珍しいことであった。

余（前島密）は鹿児島に在留する殆《ほとん》ど一年、小松太夫（帯刀《たてわき》）等の国老の招《まねき》を受くる数回に及び、且《か》つ其《その》地の志士に接して藩情を問ひ、其趨勢《すうせい》を察するに、大勢討幕に決せるが如し。〈中略〉抑々《そもそも》開国通信は天下の正道、帝国万安（少しも心配がないこと）の大義なり。幕府は私情に於《おい》て姑息苟安《こそくこうあん》（その場逃れで、一時をしのぐこと）、劣策に出《い》でたりと雖《いえど》も、其《その》公表は兎《と》に角《かく》大儀に拠《よ》りたるものとす。故《ゆえ》に真に帝国の万安を庶幾《しょき》する者は、飽くまで幕府をして其《その》大義を実行し、以《もっ》て国家保全の道を採らしむべし。是れ他無し、大政を朝廷に奉還し、併せて国政国防の費用に供すべき若干領地を献納し、其《その》足らざる所は他に賦課して、以《もっ》て徐々にまったくせしむべきこと是れのみ。〈中略〉斯《か》く按《あん》じ来《きた》れば、余の当地に在るは無用の事なり。早くに江戸に帰り、既知新知の有力者に謀り、其《その》方策を画かざる可《べ》からず。（『自叙伝』・『鴻爪痕』所収）

興味深いのは、龍馬と出会ったとはいわない退蔵が、この時点で右のような「大政奉還論」を自説として持っていた点であろう。彼はいつ、どのようにして、この構想を抱くようになったのであろうか。これまでの知識・経験を踏まえ、〝構想力〟の延長線に「大政奉還論」があり得たとしても、やはり龍馬と退蔵は会っていて、互いの意見を語り合ったのではあるまいか。

「自叙伝」の書かれた時期を考え、明治になってからの恩人・大久保利通に配慮したことを思えば、あるいはことの真相を韜晦《とうかい》したとも受け取れなくはない。読者諸氏はこの点をどう考えられるであろうか。のちの前島は龍馬暗殺の黒幕を、あるいは薩摩藩ではなかったか、と疑っていたのではなかろうか。

何よりも奇怪《きっかい》なのは、この時期、薩摩藩が進めていた、最大級の秘密外交＝薩長同盟についても、退蔵ものちの前島も、一切触れていないのが不可解であった。

知っていたからこそ、薩摩を脱し、沈黙した、と筆者は推測しているのだが……。

退蔵がいかに〝構想力〟を身につけてきたか、これまで詳しく見てきた。

彼は常に手堅く、着実に、継続して知識を蓄え、経験を積んで来た。その成果をつなぐことで、未知の局面に遭遇しても、先々の局面を正確に想定することができ、具体的な行動を取ってこれたといえる。退蔵は閉塞した状況を打ち破るために、明確な将来像を描いて、それを実現化させる方法や道筋を、効率よく組み立てていった。

❖次の一手に事欠いた龍馬

〝構想力〟をしっかり持たなければ、たとえば小説が創り出し、物語の世界が述べる、薩長同盟の一番の立役者は坂本龍馬だった、という俗説を鵜呑《うの》みにしてしまう。

史実の世界では、薩長同盟の最高意思決定権者は、薩摩藩の〝国父〟島津久光（斉彬の異母弟）であり、この同盟締結で最も窮地に追い詰められたのは、ほかでもない、龍馬であった。

なるほど、彼も懸命の周旋をした。が、龍馬にはつづきの構想がなかった。

薩長同盟の締結により、彼も「亀山社中」も、薩長の両藩において、すでに無用の存在になったのである。読者には、冷静に〝構想力〟の翼を広げていただきたい。

両藩にとって、同盟するまで「亀山社中」の存在は、都合のよいものであったろう。だが、ひと度、同盟が成立すれば二藩の藩官吏が連携して、武器・弾薬・軍艦を運べばいいわけで、第三者を介する理由がなくなってしまう。「亀山社中」は篤志奉仕者《ボランティア》ではない。中間手数料《マージン》を稼いで成り立っていた。

臨戦態勢に入った薩長両藩にとって、社中へ払う手数料は負担であったはず。第二次長州征伐に、長州藩が事実上の勝利をしてからはなおさらのこと。二藩は相互に使節を交換するところまで話が進み、仲介者を皆目《かいもく》、必要としなくなった。

残ったのは、龍馬への周旋に感謝する気持ちだけ。それも社中が利益を得て、これまで商いをしてきたことを考えれば、さほどの手枷《てかせ》、足枷《あしかせ》にはならなかったに相違ない。

龍馬は師の勝が考え、己れも共鳴した「一大共有の海局」↓第三の勢力の確立＝〝海上藩〟を実現すべく、独自に東奔西走したが、その根拠となる持ち船をどうしても手に入れることができなかった。否、手に入れても、それを使って利益をあげ、その利益によって持ち船を増やし、支援者から独立した、諸藩を結集する核を構築することは叶わなかった。

時勢は幕府（正確には〝一会桑政権〟）と薩長の二大勢力が、朝廷を奪い合う形となっており、その他多勢の藩も全国の庄屋も豪商も、無論、「亀山社中」も政局の埒外《らちがい》におかれていた。龍馬は次善の策として、己れの第三の勢力を創り出すべく、九州諸藩を連合させようと企てたが、結局、裏付けとなる資本を積むことができずに、この案も潰《つぶ》れてしまう。

——これまでもこれからも、龍馬には先立ったものがなかった。

そうした中で、ようやく洋帆船「大極丸《たいきょく》」を入手する。薩摩藩の保証（名義）で、アメリカの商人ウォルシュが代金を立て替え、プロイセンの商人チョルチーから購入したもので、代価は一万二千両——。

龍馬はこの〝虎の子〟ともいうべき「大極丸」を、今度こそ諸国物産の運搬に使うべく、大坂・兵庫へ社中の同志を配置。慶応三年（一八六七）三月には、かねてから幾度も検討してきた蝦夷地の資源開発も、改めて俎上《そじょう》に乗せるところまでいった。

しかし、この活動も「大極丸」の代金遅延により、暗礁に乗りあげてしまう。決して薩摩藩には迷惑をかけない、社中の信用で責任をはたす、と一札《いっさつ》入れたにもかかわらず、取引そのものがスムーズに運ばず、龍馬の甥・高松太郎（のちの坂本直《なお》）が一万両を借用するつもりでいた近江商人も、結局は貸してくれなかった。社中はどのようにみても、倒産状況であったろう。

龍馬も綿密に、これまで〝構想力〟を発揮してきたであろうが、人生は予定通りにはならないもの。否、それが人生である。そういう時はどうするべきか、退蔵がそうであったように、局面が動くのをじっと待たねばならない。しかも、内心の不安やあせりを見透かされないように、泰然自若の構えを取りながら。

そうした龍馬の前に姿を現わしたのが、土佐藩執政の後藤象二郎であった。慶応三年正月十三日、はやくも彼は長崎で龍馬と会見している。

当時の土佐藩は、前藩主・山内容堂の信任のもと、亡き吉田東洋の後継者・後藤象二郎が政権を握っていた。だが彼は、龍馬の同志でもあった武市半平太ら土佐勤王党の人々を、時勢の変化＝「八・一八の政変」により、弾圧し、処刑した張本人でもあった。もっとも後藤にすれば、義理の叔父であり、師でもあった東洋を、土佐勤王党に暗殺されている。「やつらこそ仇敵《きゅうてき》」との思いは強かったろう。その後藤が龍馬と和解し、手を結ぼうというのである。

この二人——後藤と龍馬が手を結ぶなどとは、誰もが予想すらしなかったであろう。見方によっては、薩長同盟以上の難問にも思える。だが、龍馬には後藤の方から、手を差し伸べてくるに違いない、との〝読み〟があった。

勢いづく政局が、土佐藩を窮地に陥れていたからだ。

皮肉にも龍馬の仲裁の労もあり、薩長同盟が成立し、第二次長州征伐は幕府軍敗北へと誘《いざな》った。土佐の藩政をあずかる後藤にすれば、顔色を失ったに相違ない。

もしも、薩長主力の天下が誕生すれば、武市をはじめ多くの勤王の志士を処刑した土佐藩は、その報復を受けることになる。なにしろ親幕府の立場をとってきたのだから、弁解の余地はない。土佐藩がそうなっても存続するためには、土佐勤王党の生き残りである龍馬や中岡慎太郎と接触し、改めて薩摩藩や長州藩との連携を模索する必要があった。これは己れの感情など表に出すことのできない、土佐藩生き残りのための必須工作であったといってよい。

龍馬と後藤は、長崎の料理屋「清風亭」で会談。過去を水に流し、「亀山社中」と土佐藩は業務提携する運びとなった。会談の結果、事実上の倒産状態にあった社中は、土佐藩が全面的に援助したうえで、新組織に改変すること。龍馬らの土佐脱藩の罪を赦免《しゃめん》すること、将来的には薩長同盟に土佐藩も参加することなどが取り決められた。

蛇足ながら、前述の「大極丸」も、後藤の計《はか》らいで土佐藩が買い取っている。

その後、この船は十津川《とつがわ》の材木を積み込んで、紀州の新宮《しんぐう》へ航海中、強風にさらされて伊豆へ漂着。破損してしまった。もっとも、これは明治維新直前の話で、龍馬は已れの、最後の〝海上藩〟への希望――うまくいかなかった末路を、知らずに他界したことになる。

❖土佐の「地下浪人《じげろうにん》」岩崎弥太郎

正月下旬、龍馬と中岡の土佐藩帰参が実現する。三月中旬、「土佐海援隊」と「土佐陸援隊」の結成が決定した。

「土佐海援隊」とは、脱藩浪士を中心に構成される海軍部隊で、長崎在駐の後藤の監督のもと、龍馬を隊長とする組織と定義された。一方の「土佐陸援隊」は、脱藩浪士を中心にして構成された陸上部隊であり、京都にあった福岡孝弟《たかちか》（山内容堂の側役、のち土佐藩参政）の監督のもと、中岡を隊長とする組織と位置づけられる。

新組織は、あくまでも土佐藩の外郭団体として機能することが期待された。

つまり、幕府には知られたくない非合法活動を、土佐藩は藩直属ではない海援隊と陸援隊に押しつけようとしたのであった。これは一面、龍馬にとっても都合のいいものといえた。やり方によっては、土佐藩を脅かし、主導権《イニシアチブ》を取ることができるからだ。

そして慶応三年（一八六七）六月九日から十二日にかけて、龍馬は土佐藩参政《さんせい》の後藤象二郎と藩船「夕顔号」の船内で、時勢について会談した。この時、龍馬が語ったのが「船中八策」であった。のちに、龍馬たちが京都における潜伏先とした酢屋《すや》において、海援隊士・長岡謙吉が両者の会談内容をまとめている。

この「船中八策」は、龍馬の新国家基本構想、もしくは政治綱領ともいえるものであり、彼が暗殺される数ヵ月前、辿《たど》りついた境地をあらわしていた。が、内容の多くは、師の勝海舟や、その師ともいうべき横井小楠《しょうなん》（熊本藩士）・佐久間象山がすでに述べてきたものを、まとめたものであり、八策そのものに龍馬の独創性はなかった。

――巻退蔵もほぼ同様のことを、同じ時期に考えていた。「船中八策」は〝構想力〟の見地からは、時勢のなりゆきで、必然的に出てきたものといえる。

「船中八策」よりも、ここで注目したいのが、龍馬の「土佐海援隊」で会計をつとめた人物であった。岩崎弥太郎である。

わが国最大・最強の企業集団の一《いっ》・〝三菱〟の創業者であることは、一般によく知られている。が、弥太郎は明治維新を挟んで、前半を坂本龍馬に学び、後半を前島密の訓導下にあったことは、存外、知られていないのではあるまいか。

彼はきわめて特異な、性格《キャラクター》の持ち主であった。

――徳川時代の土佐藩に、「地下浪人《じげろうにん》」と呼ばれる独特の制度があった。

これは武士であって武士でなく、しかしながら農・工・商の階層にも属し得ない。いわば、哺乳類と鳥類の間で苦悶する蝙蝠《こうもり》のような立場であったといえようか。

徳川時代の土佐藩は、三百諸侯の中でも、とりわけ身分制度の喧《やかま》しい国柄で知られていた。戦国時代に四国で覇を唱えながら、徳川政権下に生き残れなかった長宗我部《ちょうそかべ》氏の旧臣、つまり、野にくだった武士の子孫＝郷士と、藩祖・山内一豊に率いられて入封した山内家の家臣＝藩士（上士）との間には、厳格な秩序《すじめ》を定めた藩法が、幾重にも張りめぐらされていた（のちに、お金で郷士となった商人も同じ）。

たとえば、両者は決して同席できなかったし、雨の日など、藩士は下駄を履くことが許されたが、同じ武士とはいえ、郷士は跣《はだし》で歩かねばならなかった。もとより郷士には、藩政に参加できる正規の資格がない。それどころか、路上で藩士とすれ違うときは、農・工・商と同様に、土下座しなければならなかった。

藩士に無礼討ちにされても、郷士は訴えることも許されなかったという。

ところが「地下浪人」は、この冷遇されていた郷士より、なお一段軽格の、下位に位置づけられていた。「地下浪人」とは、具体的には郷士の株を売却したもと郷士を指し、名字帯刀はお目こぼしで許されてはいたものの、他の武士の持ついかなる特権も有さない、実に哀れな人々であった。

「貧乏神が、両刀を差して歩いている」

と、この極貧のもと郷士を揶揄《やゆ》する陰口は尽きなかった。

弥太郎は天保五年（一八三四）十二月十一日、この「地下浪人」の岩崎家の長男として生まれている。常にあたりを睥睨《へいげい》しているような、この人物の傲岸不屈《ごうがんふくつ》の風貌は、「地下浪人」の出身以外からは、おそらく生まれなかったに違いない。

龍馬や退蔵も身分制度の狭間《はざま》でもがき苦しんだが、弥太郎のような中途半端な冷たい扱いを受ける不遇は託《かこ》っていない。

負け犬になりたくない――わが身に振りかかる屈辱の思いや貧困の嘆きを、必死になって耐えしのび、虚勢をはった幼少期の弥太郎の性根こそが、実は〝三菱〟を創り上げる大きな原動力になった、と筆者はみている。

加えて、弥太郎の父は〝甲斐性なし〟の穀潰《ごくつぶ》しであった。

身分を越えるため、学問で立志を考えた弥太郎は、苦労して江戸に出る手蔓《てづる》をつかまえるが、父の誣告罪《ぶこくざい》で帰国を余儀なくされる。あげく、父に代わって投獄されるなど散々な目にあったが、吉田東洋や後藤象二郎と出会ったおかげで、ようやく「地下浪人」の身分から這《は》い上《あ》がることに成功する。

が、それは後藤の失策をかぶることが条件であった。

土佐藩には、藩直営の商館「開成館」というのがあり、藩の専売である紙・砂糖・かつお節などを、大坂・長崎へ輸出し、販売して得た金を「貨殖《かしょく》」して軍資金として貯え、軍艦や大砲などの武器購入に充当するという計画があった。そのほか、埋蔵資源を探索・開発する鉱山局、鯨を捕る捕鯨部門、西洋医学を研究する部門、海軍局といったものまでこの開成館には付属していた。

が、無計画な後藤の強引な運営で、この直営の商館はついには資金繰りに行き詰まってしまう。彼はこの打開策として紙幣を濫発したが、これがさらに追い打ちをかけて流通経済を破綻させた。膨大な額となった紙幣は、物価騰貴を惹起《じゃっき》し、土佐藩内を大混乱に落とし込む。「阿房館《あほうかん》」と領民たちにさえ、「開成館」は蔑《さげす》まれるまでとなった。

併せて、出先機関の長崎および大坂の「土佐商会」が、さらに足を引っぱってしまう。とくに「長崎土佐商会」では、ドイツ人の商社「キプネス商会」より、樟脳《しょうのう》を抵当として三万両を借り入れ、その金でエンピール銃一千梃を購入したが、単価が三十両と高くつき、支払ができずに交渉も滞ったまま。この切迫した状況の打開に、弥太郎は全権を委任され、責任者に抜擢される。

彼はその見返りとして、藩の「新留守居組」に昇格した。これは新たにできた家格とはいえ、藩士の末端に位置するものであり、身分制度のきびしい土佐藩においては、一面、驚天動地の大抜擢といえなくもない。「地下浪人」の出身者が、維新の動乱のおかげで、夢想だにしなかった藩士にのぼり得たのである。

しかも弥太郎は、長崎滞在中に龍馬と「土佐海援隊」を知った。これはのちの〝三菱〟にとって、計り知れない利益をもたらしたといえる。

❖龍馬の構想を後継した男

すでに見たように、後藤と龍馬は互いの利害関係で怨讐《おんしゅう》を越え、折り合った。運転資金に困っていた「亀山社中」は、薩長同盟への土佐藩の仲介を条件に、藩から一万五百両の融通を受け、新たに「土佐海援隊」として再編成されるに至った。

弥太郎は、この海援隊の会計を兼任することとなる。そして隊長の龍馬からは、「一国の近代化は、その端緒における強大な海運業の発展と相表裏する」

といった、のちに出会う前島密と同様の、重商主義や海外知識、および未来構想を仕入れたが、やがてそれらが、弥太郎という生身によって具体化されるとは、さしもの龍馬も考え及ばなかったに違いない。

普通に考えれば、藩士となった弥太郎は勤王・討幕運動に参加するところだが、この男は退蔵や龍馬同様に、もう一つ先の時代を構想していたといえる。

弥太郎の場合は、少し視界は異なるものの、商人の時代が到来する、との確信であった。だが、なにをすればいいのか、肝心な〝構想力〟がこれまではなかったのだが、それが龍馬と出会うことで、海軍・貿易・運輸を隊務とする「土佐海援隊」を知った。

しかも、主権者であった龍馬は、維新回天の直前、慶応三年（一八六七）十一月十五日に暗殺され、引きつづいて起きた鳥羽・伏見の戦いにはじまる戊辰戦争は、日本を内戦と政治一色にぬり変えてしまう。

この時期、弥太郎は長崎から大坂に移管された「土佐商会」にあって、ひとり黙々と「海援隊」のなかから、一番危険《リスク》の大きい海軍を取り除いた、すべての「海運」を手がけるべく、手腕を発揮する。土佐の産物である椎茸《しいたけ》、木くらげ、桂根《けいこん》（油の原料）など二十二種を藩の専売品として、「開成館」発行の藩札で藩内から強制的に買い上げ、外国貿易で貨幣に替える方法をとった。

これがやがて、物価急上昇《インフレーション》を引き起こすことは、弥太郎にも土佐藩にもわかっていたが、薩長の二藩と並び、中央で覇を唱えるには、政略上、仕方のない背伸びであった。

結局、藩の負債は明治になって、「廃藩置県」により国が肩代わりすることになる。

明治三年（一八七〇）九月、「大阪土佐商会」は名目上解散し、代わって「土佐開成社」が設立された。この経営に当たったのが、土佐屋善兵衛こと土佐藩権少参事となっていた弥太郎本人であった。

同年十月に「九十九《つくも》商会」と改称、現在も〝三菱〟の商標である菱形紋様が、この時はじめて登場する。この紋様は、岩崎家の紋所である三階菱《さんがいびし》と、藩主山内家の三葉柏《みつばかしわ》を、組み合わせたものといわれているが、幕末以来、半官半民の路線を指向してきた弥太郎の、考え方を暗示しているようで興味深い。

弥太郎は藩財政の救済に奔走しながら、後藤象二郎など藩閥官僚とは緊密に連繋《れんけい》をとり、他方では東京・大阪・神戸間の回漕運輸業を営んだ。ついで、外債四万両を土佐藩から肩代わりする条件で、汽船二隻を彼は私有する。

明治五年、「九十九商会」を「三ツ川商会」に改称。弥太郎は「廃藩置県」の混乱に乗じ、独立の地歩固めに、種々の払い下げを受け、翌年三月、「三菱商会」の看板を掲げ、高らかに独立宣言を発した。その後の、退蔵こと前島密との密接なかかわりについては、後の章に譲りたい。

さて、われらが巻退蔵である。彼は薩摩に行ったことで、自分が本当にかかわりたいのは、今まさに倒れんとする幕府なのだ、と悟った。

退蔵は長崎で英語を学び、教えてのち、江戸へ帰るべきであったのだ。換言すれば、薩摩で道草をくったおかげで、彼の〝構想力〟は脱線、はずれたといえなくもない。

読者の中には、はずれること、思い通りにいかないならば、そもそも事前に構想する必要はないのではないか、と思われる方がいるかもしれない。が、それは違う。

人生にとって例外なく悔しいのは、ここ一番という勝負に、何の準備もせずに臨み、敗れることをくり返し、思い通りにならない生涯を送って、いよいよ終末を迎えようとする時になって、あの時はこうすればよかったのだ、と思いいたった時であろう。

いくら悔んでも、もうどうにもならない。後《あと》の祭りである。

退蔵は実務の積み重ねのプロセスから、やがて自らの参加する新国家が必然的に生まれてくる、と考えてきた。そのために技能を修得し、それらに磨きをかけ、規模拡大《スケールアップ》にも努力してきた。その行為は決して無意味ではなく、方向をあらためて練り直せば、〝構想力〟はいくらでもそれに対応が可能であった。

それはそれで意義のある、〝構想力〟だったのだ。

構想がはずれたとき、どうすればいいのか。退蔵はすぐさま頭を切り替えた。なにしろ彼には、落胆している余暇などなかったのだから。

一度、郷里の下池部《しもいけべ》に帰った彼は、これまでの己れの行動を改めて省みた。構想を修正したのである。すでに三十二歳。

目下、展開している第二次長州征伐は、明らかに幕府軍の不利であった。退蔵は江戸に出たいと考えたが、一方の薩摩藩では休暇扱いの藩士が蓄電《ちくでん》したのであるから、泰平の時代であれば、彼は上意討ちにあってもしかたがなかったろう。

現に薩摩藩内では、退蔵を幕府の間諜《スパイ》ではなかったか、と疑い、見つけ次第、斬ってしまおうという空気が生まれていた。

後年、前島密となった退蔵は、薩摩藩の陰謀めいた外交、駆け引きに嫌気がさし、異母兄の死を口実に、鹿児島に戻れない旨を認《したた》め、「陳情又は違約を謝する信書」(「帝国郵便創業事務余談」・『行き路のしるし』所収)を幾つも高田藩の飛脚に託して、薩摩藩の人々に送ったが、どうしたことか届かなかったと弁明している。

当時の郵便事情は劣悪で、ついに鹿児島の当路者へ一通も通じなかった、とも。

正直者の退蔵のことであるから、手紙を出したこと自体を否定はしないが、この「孰《いず》れも達せすして没了《ぼつりよう》《ママ》(まったくなくなる)せられ」(同右)というのは、額面通りには受け取れない。

あるいは弁明が届くことで、脱藩者として追われることを警戒したのかもしれない。

❖幕臣への転身をはかる退蔵

彼ほどの行動力があれば、もし必要ならば、いかようにでも自らの意志は伝えられたであろう。届けばそれにこしたことはないが、届かなければそれもしかたのないことだ、といった程度に、考えていたのではあるまいか。

書かれたのは後年、明治になってからのことであった。問題は薩摩藩と手を切った退蔵が、そのあと何をどのように考え、行動したかである。彼は自らの置かれている立場を、肯定的《ポジティブ》に受け止めた。形勢は不利であり、体勢を立て直すのは難しい。

再び世に出るには、どうすればいいのか。退蔵は己れを追いつめている〝不利〟の本質を、まず見極めようとした。なぜ、薩摩藩に自分は戻ろうとしないのか。場合によっては殺されるかもしれないというのに。嫌だから、なにが、それにしても自分に殺されるだけの価値があるのだろうか。あるのだ、きっと。それは何だ。

長所、自らの優位な要素が主張できるものであるならば、それをもちいての苦境逆転は可能となる。海軍の操練技能と洋学に関する知識と経験――ならば、これらを有効に使えるよう、向きを変えればよい。

退蔵は自らの宿願＝開国しての富国、殖産興業の実践という目的を果たすべく、衰退の一途をたどる幕府に、あえて身を投じる、との答えを出し、江戸へ戻る。

方向が定まれば、あとは行動あるのみ。彼はこれまでの人脈を総動員して、「権門ニ奔走シ、素志《そし》ヲ吐露《とろ》シテ」自らの説を周旋してまわった。当然、その行為は「却《かえっ》テ或《あるい》ハ薩摩ノ間諜《かんちょう》ナラメト思ハヌ嫌疑ヲ受ケタリ」という一面も招いた。が、退蔵は焦りを表に出さぬよう、懸命に時節到来を待った。

ここで重要なことは、売り込みにハッタリや策略《トリック》、ウソ、経歴詐称といった、いわゆる〝奇手〟をもちいないことだ。大久保一蔵（のちの利通）がかつていった「一の奇言者」とならないことである。時期が時期だけに、こちらの慌てふためく程度の低さを、見透かされてしまう。

そんなある日、旗本の平岡凞一《きいち》（熙一）が退蔵を自宅に呼ぶ。平岡は旗本ではあるが、徳川御三卿の一《いっ》・田安家の付家老となっていた人物である。この〝えらいさん〟は、次のように退蔵に問うたという。

「足下《そっか》（あなたは）薩州の優待を辞し、来《きたり》て幕府に臣事せんと欲するは、予（平岡）等の多とする所なり。然《しか》るに其《その》経歴に依《よっ》て考ふれば、未《いま》だ安からざる所無しとせず。請ふ、本日は足下《そっか》の抱持《ほうじ》せる（かかえもつ）赤心《せきしん》（うそいつわりのない心）の底を吐露せよ」

このような時期に、なぜ幕臣になりたがるのか、本心を聞きたい、という平岡の疑問に対して退蔵は、とんでもないことを口にする。

故《ゆえ》に忌憚《きたん》無く（遠慮なく）極言すれば、幕府は潔《いさぎよ》く大政を京師《けいし》（朝廷）に奉還し、以《もっ》て真正なる日本大政府を建造せられん事を希《ねが》ふのみ。然《しか》るに幕府在廷の人は唯其《ただその》衰勢を挽回せん事に専心し、国情如何《いかん》を察せずして、遂《つい》に君上の聡明を壅蔽《ようへい》（ふさぎおおう）す。是《こ》れ余（退蔵）の如き者と雖《いえど》も、憂慮に堪へざる所なり。故に自ら揣《はか》らず、幕府に臣事し、機を得て君上に拝接し、薩藩其他の情実、中外の所論を仔細《しさい》に陳述し、其《その》聡明を回し、此《この》革新を断行せられんことを願ふ。是れ余が赤誠《せきせい》なりと。

思い切ったことを、退蔵もいったものである。

幕府に大政奉還を進言するために、自分は幕臣になりたいのだ、と彼はいい切ったわけだ。一つ間違えば、首が飛んでいたに違いない。

――ここで、念を押しておきたいことが一つある。

構想が行き詰まったとき、自分が立てた戦略は、本当に間違っていたのだろうか、と立ち止まって検証してみる必要があるということだ。結果がともなわなかったからといって、必ずしも構想自体が間違っていたとはいえない場合が、歴史の世界には多い。

巻退蔵の行動をみていると、ほとんど休みなく動いているように見える。が、彼は自らの考え方が裏目に出ても、不調《スランプ》に陥ることがなかった。なぜか。退蔵の〝構想力〟は発想の開始《スタート》も、過程《プロセス》も、概ね間違っていなかった。誤りは常に、結論のところにあったことを、彼はこれまでの行動で会得していた。

薩摩藩に寄りすぎたのが、失敗だった。長崎で英学を修め、知己が増えたことは決して不利益《マイナス》ではない。悲観してものごとを考えると、形勢を見誤ってしまう。

〝構想力〟に心の持ちようが大きく影響することを、退蔵は経験で摑んでいた。だからこそ、強気な発言をすることができたのである。

無論、平岡の人となりを知っていることが前提での発言ではあったが。

平岡は、退蔵の言を了承した。が、幕臣になるには、「儒医等の学芸の大家に非《あら》ざれば、新《あら》たに召命」さえることがない。幕臣にはそれこそ、洋学の専門家、海陸軍の士官が綺羅《きら》星《ぼし》のごとくに存在する。なかなか、専門技能では退蔵は幕臣にはなれなかった。

「一の詭道《きどう》を取らざる可《べ》からず。其《その》方法他《ほか》無し」

と平岡はいう。すなわち、幕府の御家人の家を継承して、まず臣列に入り、「而《しこう》して後漸次《ぜんじ》に陞進《しょうしん》（すすめる）すること、是《こ》れのみ。」（「自叙伝」・『鴻爪痕』所収）

最も正統的《オーソドックス》な手法であった。同じような忠告を、退蔵は他からも聞いていたようだ。このとき、まさしく退蔵は袋小路に入り込み、身動きのとれない状態となっていた。薩摩藩には追われ、望む幕臣にも一足飛《いっそくとび》にはなれない。改めて放浪するあてもない。人は誰しも、膠着状態に陥ってから、慌てふためくものだが、それでは万事、遅すぎた。

いよいよ追い詰められる寸前に、工夫してこその〝構想力〟である。どうすればよいのか。まず、自己主張を一度、止めることだ。妥協といい替えてもよい。ただし、自分の有利になる方向を意識して――。

退蔵は、いきなりの幕臣身分取得をあきらめた。たまたま幕臣で、京都見廻組に参加していた前島錠次郎《じょうじろう》という人が、母ひとりを残して急死し、後継《あとつぎ》がいない、との話が伝えられた。前島家は、譜代の御家人である。

この錠次郎が属していた京都見廻組とは、在京公安警察機構といえようか。幕末の沸点《ふってん》ともいうべき文久三年（一九六三）の翌年、元治元年（一八六四）――この年の四月二十四日、すでに無政府状態に陥り、治安が著しく悪化していた京都の治安回復・維持と政局の安定をはかるべく、幕府が創設したのが見廻組であった。

旧幕臣の聞き書きなどによると、当初、幕府は直参――より厳密には、御目見得《おめみえ》以下の「御家人」――の中から、腕に覚えのある四百名を選抜し、これを新設の「見廻組」に任命して、京都に送り込む計画を立てたようだ。

見廻組に入隊すれば七十俵、ほかに役扶持《ぶち》が三人扶持ついた。決して恵まれているとはいえなかったが、それでも職にあぶれた無役の御家人にとっては、とにかく家族が生活していける、魅力ある新設ポストであったといってよい。

よく誤解されるところだが、この「見廻組」が京都へ出張って編成されたのが「京都見廻組」である。この二つは単純に、同じ《イコール》と思われがちだが、「見廻組」の中には江戸で採用されながら、ついに京都の地を一歩も踏むことのなかった者もあり、厳密を期せば両者には意味合い《ニュアンス》の違いがあった。

❖交差した退蔵と龍馬

ちなみに、慶応三年(一八六七)十一月十五日の夜、京都の近江屋において坂本龍馬を襲ったと伝えられている佐々木只三郎も、京都見廻組の一人であった。

皮肉なことに、退蔵が前島家を継いだことで、龍馬と彼は一瞬、被害者と加害者＝敵と味方に交差した、といえなくはなかった。

退蔵のもとに、前島家相続の話が持ち込まれたのは、慶応二年三月のことである。彼はこれを受けた。受けられるだけの信用・実力・多少の財力が、この頃の退蔵には備わっていたともいえる。

同年十一月十日、幕府はこの相続を公式に認めた（『幕府日記』）。

もしこれが、もう一年遅ければどうなっていたであろうか。世上はそれどころではなくなっていたかもしれない。これまでの「巻退蔵」が、ここから「前島来輔《らいすけ》」となる。

諱はかわらず、密であった。だが、厳密には幕府の記録には「来助」とあり、一般に知られる「来輔」として、独自の活躍をするまでには「時間のずれ《タイムラグ》」があった。区切りをつけるため、「来助」時代はこのまま、「退蔵」で話をつづけたい。

いずれにせよ、前島家相続を区切りに、天下の風来坊、浪士の生活から足を洗った退蔵は、幕臣・清水与一郎の娘・なか（当時十八歳）を妻に娶《めと》り、新居を牛込赤城下町《あかぎしたまち》（現・新宿区赤城下町）に構えた（のち明治初年に、番町へ転居）。

ちなみに、なかは大正六年（一九一七）八月に、七十歳で亡くなっている。

さて、前島家の当主となった退蔵だが、彼は目下、展開中の、第二次長州征伐の行方を固唾《かたず》を呑《の》んで、見守っていたが、その行動は制約されたものとならざるを得なかった。

この立場、江戸に召還された勝海舟に似ている。退蔵の場合は、幕臣の大半からは「薩摩のまわし者」と疑われ、薩摩藩からも執拗に〝幕府のイヌ〟、間者に間違いなかった、と生命《いのち》をつけ狙われ、彼は常に身辺に危険を感じていた。

退蔵の洋学の知識、海軍の経験・技能はなかなかのものではあったが、彼が剣の達人だった、とは聞いたことがない。

薩摩必殺の示現流に相対したら、十中八、九は斬り殺されたであろう。

そのため退蔵は、前島家が非役となったことを幸いに、しばし門を閉じて、時局の推移を待たねばならなかった。しかし、この頃、すでに彼の英学の素養や兵学・海軍の知識と経験は世に聞こえていた。

ときおり幕臣の中で、子弟に読み書きを教えてほしい、と頼みにくる者もあった。

この時期、退蔵の教えた子供の中に、十六歳の幕臣・小泉家に養子入りした子供がいた。頭脳は明晰であったが、性格が倣岸不羈《ごうがんふき》で、ついには養家を離縁されるのだが、この少年こそが明治三十三年（一九〇〇）に、逓信大臣をつとめる星亨《とおる》であった。

それにしても退蔵は、人間関係、交流関係について、途切れたり断絶したりするものを不思議に甦《よみがえ》らせる才覚を持っていた。こつは気を引き締めつつも、ものごと、人間関係を楽観的にとらえる点にあった。相手の短所より長所を見るように、常日頃から心掛け、決してぞんざいな口を利かない。

見方を変えれば、これまでの知識と経験、現状、将来の可能性を、退蔵は無意識に人物判断の基準としていた。これは、誰しも同じかもしれない。ただ退蔵は、出会った人ことごとくとの、未来における再会に、大きな可能性を残していた。いつ、いかなる立場にたっても、彼は自分の方から人を切り捨てたことがなかった。

次に出会えば殺されるかもしれない、薩摩藩の知るべに対しても、退蔵は感情を露《あらわ》にして怒ったり、すねたり、悲観したりすることがなかった。そのことが、やがて再会する大久保利通との間でも生きてくるのだが。

猜疑心《さいぎしん》にみちた幕府の中にも、退蔵に不審を抱かぬ者はいた。疑念の目のみを心配するか、認めてくれる者をありがたく思うか。退蔵に「開成所」（安政四年〈一八五七〉正月に開設された著書調所→洋書調所となり、文久三年〈一八六三〉八月にこの名前となる）の反訳《ほんやく》筆記方として、出仕してはどうか、と薦めてくれる人もいた。

この職は、教授たちによって翻訳された内容を、修正しつつ筆記するという仕事で、今なら専門知識を持つ編集者といえようか。誘ってくれたのは「開成所」頭取の松本寿太夫であった。松本は退蔵の仕事ぶり、その学才に惚れ込み、頼まれてもいないのに懸命に斡旋して、慶応三年五月に、退蔵を開成所の数学教授の役職《ポスト》につける根回しをしてくれる。内定となった。ところが、肝心の本人がこれを辞退してしまう。

「兵庫へ行きたいのです」

理由を聞かれた退蔵は、目を輝かせて答えたようだが、松本にすれば理解の範疇《はんちゅう》を超えていたであろう。

話がいささか前後するが、慶応二年十二月、第二次長州征伐の失敗、十四代将軍家茂の過労死を受けて、一橋家の当主であり、かつては将軍後見職をつとめた徳川慶喜が、ついに十五代将軍となった。

彼は孝明天皇の崩御で、慶応三年正月九日に天皇となった明治帝の勅許を得ないまま、懸案となっていた兵庫の開港事業を進め、事後承諾を得るべく、その明断にしてよく回転する頭脳と弁説をもって、開港反対の公家を論破し、五月二十五日に勅許を得た。そして七月には、兵庫奉行・柴田日向守剛中《たけなか》を派遣するにいたる（大坂町奉行と兼任）。

退蔵は自らの構想である、幕府に大政を奉還させて、新しい国家を創るという、壮大な計画《プラン》が皆目、進捗しないなかにあって、これまでの海軍・海運の修得がそうであったように、実現の可能性を考えて方向を転じようとしたのであった。

世間からみれば、非常識に映る行為であったが、彼の本質は変わっていない。国体を改めるのは急務だが、幕府という巨大な組織がおいそれと、己れの非力では動かないのは明らかであった。ならばこの時期に何をしておけば、今後のためとなるか。〝構想力〟はすでに見たごとく、時間の管理からの接近《アプローチ》と考えてもよい。一種の、見切りでもあった。

❖あえて迂遠《うえん》の道をゆく

退蔵はこの先、開国の時勢が大いに進んだとき、必要となるであろう外交上の事務に精通しておきたい、と考えた。これはいかなる学問、事業にもいえることだが、全体を見渡して、なお今を逆算する。そのうえで、時間を有効に管理《マネジメント》する者が勝者となる。

いわば、全面的に〝待ち〟の立場にある退蔵は、じっとしていることで幕府や薩摩藩からの嫌疑を躱《かわ》せる、と考える一方で、その時間を惜しんだ。今できることは何か。数学教授と兵庫行きの、いずれが己れの〝構想力〟にとって必須なのか。

欧米列強との貿易が本格化すれば、当然、その実務が重要となる。が、今、そのことに気がついている人間はいない。日本人の大半は、政局に目をうばわれていたといえる。木を見て、森を見ていないのである。森に流れる川に、注目する者はいなかった。

退蔵はこれを今、自らが修得することが、目標に近づくことになる、と判断した。

もとより先方の兵庫奉行所から、望まれているものではない。否、いらぬお世話であったろう。このような時の、退蔵のやり口はこれまでに幾度もみてきた。

「住む所がなく、無俸給でもけっこうです」

このように申し出られると、先方の奉行も大いに困惑したに相違ない。

開成所頭取の松本と同じである。普通に考えれば、どこの世界に、開成所の教授という花形の役職《ポスト》を捨てて、地方の奉行所の手附役《てつけやく》になりたい、と願い出る者がいようか。

おそらく奉行の柴田は、退蔵の心底を疑ったに違いない。

「こいつの、本当の目的はなにか――」

と。しかし、思い当たらない。これが退蔵の、〝構想力〟の凄味である。

食い下がられて、ついに根負けした柴田は、退蔵を受け入れたものの、決して歓迎してはいなかった。

一方の退蔵は、そんな先方の感情、思惑など忖度《そんたく》することもなく、兵庫へむかう船で早くも、税関のお傭い外国人シィル（イギリス人）から税関にかかわること、あるいは保税倉庫の事務について、根掘り葉掘りたずね、一応の基本知識を得ている。

また、現地の兵庫に着いてからは、組頭の森山栄之助に、「三、四日のうちに訳してほしい」と頼まれた居留地規則の翻訳を、すぐさま訳出し、周囲を驚かせたりした。

しかし、退蔵その人は、どこへ行っても変わらない。およそ、遠慮というものがなかった。別に、偉そうに振る舞うつもりもなかった。第一、百姓出身の彼は、剣術がからっきしである。もし、相手が怒りにまかせて刀を抜けば、おそらく退蔵には逃げの一手しかなく、逃げ遅れれば斬られるしかなかったろう。

それでも退蔵は、自説を語ることを決してやめない。それがこの人物の真骨頂であったともいえる。筆者には、暗殺されるという可能性では、この頃、龍馬同様、退蔵にもあったように思われてならない。

ただ、退蔵が人を見て、正論をまっすぐに吼《ほ》えたのに比べ、龍馬の企てはいつも秘密めいていた。仕掛けや陰謀など、実兵力のない分を智略で補おうとして、諸勢力の間を立ちまわったため、周囲に鵺《ぬえ》のような得体の知れない人物のように思われ、疑心暗鬼を抱《いだ》かせることになってしまった。

奉行の柴田に嫌われていた退蔵は、ついにその就いた手附の役を廃止する、と宣言されてしまう。さっさと江戸へ帰れ、と奉行は暗《あん》にいいたかったのだろうが、相手が悪かった。ならば、と退蔵は、さらなる低い身分の「定役《じょうやく》」に欠員が出たことを目ざとく見つけ、これに私をぜひ、と申し出る始末。柴田は心底、怖気をふるったに違いない。

かりにも開成所の教授に内定していた者が、軽格の定役をつとめるなど、前代未聞であったろう。今日でいえば、国立大学の教授が、大学に納められた物品倉庫の、管理をするガードマンに転職するようなものだ。

奉行は呆れはて、かといって拒む理由もなく、仕方なくこれを許したが、退蔵は一向にこの身分の降下を意に介さない。懸命に税関および保税倉庫の事務をこなしたが、ついには業務の全体を掌握し、事実上の長官であるかのように振る舞うまでになる。

〝構想力〟の広げ方を、この頃、彼はすっかり身につけていたようだ。

退蔵の行き方は一見、龍馬のやり方に比べると迂遠《うえん》の道であるかのようにみえる。が、退蔵が目指す〝新生日本〟の理想実現に向けて、着実で具体的な一歩一歩であった、といえはしまいか。

幕臣に転じた「来輔」こと退蔵に比べ、この頃、龍馬は多忙を極めていた。

土佐藩士・後藤象二郎に、大殿（前藩主）の山内容堂の説得にあたらせ、自身は京都の薩摩藩邸に赴き、軍事革命＝武力討幕をより円滑《スムーズ》に遂行するための方便《ほうべん》として、「大政奉還」を一度は働きかけさせてほしい、と説いた。龍馬はまず西郷、大久保を説得し、ついで岩倉具視《ともみ》を訪ねて「大政奉還」についての了解を取り付けている。

この計画《プラン》は佐幕派にとっては、徳川家を救済する妙案であったし、討幕派からは「大政奉還」の気球を上げることで、合法的に討幕兵力を京都へ入れる奇策とも映った。無論、将軍慶喜が拒絶すれば、それだけのことである。

幕府はこの時期、一方で小栗忠順の提案したフランスとの提携に動いており、同様にイギリスは薩摩藩に接近していた。幕府と薩長勢力が真正面から武力衝突したならば、アジア・アフリカにおいて、唯一の独立国（地理上、放置されていたタイ王国を除く）の日本が、危ぶまれる事態になりかねない。

双方が戦端《せんたん》をひらけば、途方もない長期の内乱に発展する可能性が強かったからだ。日本史は過去に南北朝の争乱（五十六年間）、応仁の乱（十一年間）を経験している。できることなら平和裡に政権委譲を遂げたい、第三の勢力を加えた、公議公論で解決したい。もしそれが無理なら、圧倒的武力をもって瞬時に幕府を沈黙させ、欧米列強がつけ入る隙を与えないように、新しい政権への移譲を果たさねばならなかった。

龍馬の和戦両構えの策謀は、このあたりに〝真実〟があったかと思われる。

だが、後藤にはこうした龍馬の腹の内が皆目、読めなかった。

❖暗殺された龍馬――〝構想力〟の問題点

龍馬は大政奉還実現のために称して、まず薩摩藩と土佐藩が協定するべきだ、と後藤を説き、両藩首脳に働きかけ、六月二十二日、薩摩藩と土佐藩の代表者会議が開かれた。薩摩藩側からは家老の小松帯刀《たてわき》以下、西郷吉之助・大久保一蔵、土佐藩側からは後藤象二郎・福岡藤次らが出席、龍馬と中岡慎太郎も同席している。そして両者の間で「薩土約定之大綱」が交わされた。

この約定書の主題は、政権を朝廷に移行することにあった。それが徳川家の意志によるものであるか否かは、あえて問題にしていない。それどころか、その手段についても何一つ具体的には述べられていなかった。

つまり、見方によっては龍馬が、薩摩藩とグルになって、土佐藩を武力討幕路線へ巻き込もうとした、と受けとれなくもなかったわけだ。このあたり、当の龍馬は周囲をどのようにみていたか、である。

落日の徳川幕府とはいえ、三百年近くも政権の座にあったのだから、〝三百諸侯〟にとっては絶対的な存在であったろう。その天地を覆《くつがえ》そうというのである。薩長同盟だけでは、心もとない――龍馬にすればここに、己れと土佐藩が遅ればせながら、新政権に参加できる余地があり、やり方によっては第三の局を構築し、割り込ませ、時代の主導権《イニシアチブ》をとれる機会《チャンス》もめぐってこないともかぎらない、との思いがあった。

やり方としては、「和戦両面から攻めること」＝幕府と薩長同盟を秤《はかり》にかけ、その微妙な均衡《バランス》の崩れを衝く、という戦略である。

しかしこの手法は、一方において薩長同盟を手玉に取り、他方では己れの帰属する土佐藩を利用して、幕府をも騙《だま》すという際どさを有しており、双方からすれば、龍馬はとんでもない腹黒い策士と映ったに相違ない。

本人もこうしたあざといやり方は、もちいたくなかったであろう。彼の〝構想力〟も時代の中では屹立《きつりつ》していた。海軍の技術をもって海運・海軍の業を確立し、その財力をもって第三の勢力を構築する。そして正々堂々と、幕府とも薩長同盟とも渡り合いたかったはずだ。だが、慶応三年（一八六七）に入ると、時間の流れが急激に速くなっていた。

さて、どうしたものか。龍馬は約定書の後書きに、

「斃《たお》れて後《のち》やまん。何ぞ成敗利鈍を顧みる暇《いとま》あらんや」

と述べていたが、これは誰からも理解されない龍馬の〝構想力〟、その孤独な心境を、

見事なまでに代弁していたといえる。が、それにしても彼の生き急ぎを感じずにはいられない。退蔵が龍馬と同じ立場であれば、彼はどうしたであろうか。

局面から一度、わが身を引いたのではないだろうか。自らが革命の主導権《イニシアチブ》を取ろうとは考えず、たとえば岩倉具視のように、藩という組織力、実兵力を持たない分、少し後方にさがって、そのうえで第三勢力の結集を働きかけたように思われる。

待機することができれば、あたら暗殺されることは防げたのではあるまいか。

――〝構想力〟は、勝つことを目的としている。死んでしまえば、その先はない。

薩土盟約に引き続き、龍馬は長土盟約を締結させようと、使者の土佐派遣を桂小五郎（のちの木戸孝允）ら長州藩首脳部に動きかけた。そして同年七月十日、長州藩の使者は山内容堂に謁見したが、このおりは何の成果を得られないまま、したがって長土盟約は成らず、長州方の使者は帰国を余儀なくされている。

おそらくこのあたりで、容堂や後藤ら土佐藩首脳部は、龍馬がとんでもない食わせ者で、平和裡の政権交代を説きつつ、その袖の下に甲冑をつけ、武力討幕策を隠し持っていることに、気がついたのではあるまいか。

薩長討幕派は、平和裡の政権返上は認めず、あくまで幕府と戦おうとして、九月七日、薩土盟約の破棄と武力討幕の方針を後藤に伝達している。土佐藩は薩長同盟と袂《たもと》を分かったのである。龍馬は、和戦いずれの側に立つのか――幕府方、薩長方、土佐の人々も固唾《の》を呑んで、その言動を見守っていた。

同じ時期、退蔵も生死の分かれ目に立っていた。

こちらは、兵庫奉行所で大人しく税関などの実務に携わっていたのだが、将軍慶喜の「大政奉還」の詳細を知り、その欺瞞《ぎまん》を見破ってしまったのである。

どういうことか。確かに将軍慶喜は、国政担当の大権を朝廷に返還した（慶応三年十月十四日）。だが彼は、それにともなう新政府の経費については、まったく触れることをしなかった。

これまで幕府が担当してきた国政を、朝廷がおこなうことになれば、巨額の経費が必要となる。にもかかわらず幕府は、領地削減について一切触れていないのである。

「これでは、新しい国は生まれない」

と見てとった退蔵は、すぐさま幕府の所領の幾分かを朝廷に還納することが肝要だ、と考え、そのことを意見書にして建言しようとした。

いうまでもなく、この種の建白を幕府は好まない。ましてや身分の低い、なりたての御家人風情が提出したとなれば、なおさらその感情は、憎悪をも含んだものとなったであろう。

「いらざることを――」

と罪に問われ、場合によっては切腹の沙汰《さた》がおりても仕方がなかった。蛮社の獄や高島秋帆の例もある。やり手の勝海舟ですら、切腹寸前まで追いやられている。

周囲は退蔵の建白を、懸命に止めた。だが、彼は聞き入れず、

「万死を恐れんや」

と、ついに領地削減の議を上書するに至った。

この時に認《したた》めた草稿が、大正四年（一九一五）になって古紙の間から発見されている。

退蔵は、この「慶喜公に上りたる書」の中で、国政を運営すべき経費、海防の費用を、まずは四百万石のうち、二百六十余石を朝廷に差し出すべきだ、と述べている（「自叙伝」・『鴻爪痕』所収）。

なぜ彼は、これほど大胆な進言をおこない得たのか。

❖もしも龍馬が、明治に生きていれば

龍馬の行動と、その〝構想力〟を比べると理解しやすい。

何よりも退蔵は、正々堂々と正論をはいており、その賛否は別にして、これを感情的

に憎むことが難しい。しかも時機《タイミング》を、彼はよく見計っていたといえる。世上は大政奉還がおこなわれ、すでに幕府は表面上、政府の地位からおりていた。ここで重要なのは、次の展開を見抜く〝構想力〟であった。

退蔵には薩長討幕派の次の動き——王政復古の大号令と朝廷＝新政府がくだすであろう、慶喜の辞官・納地を命ずる決議が、予想できていたのだ。

なぜ、予測が可能であったのか。退蔵はもしも自分が薩長ならば、と考えたに違いない。だからこそ、その決断を敵よりも早くに、慶喜へ決断をうながすべく、彼はこの核心部分を突いたのである。「備《そな》えあれば憂《うれ》いなし」という。

これから起りうる事情が想定できるならば、できるかぎり早くそれを、解決できる方策を先に述べておくべきである。四百万石の三分の二案が駄目になっても、構想自体は練り直しがきく。要は唐突に衝撃波《ショックウェーブ》を受けることのないように、事前に備えておくことであろう。

加えて、こちらから先に経費の内容を持ち出せば、相手の動揺を誘い、政局をかきまわすことができ、先方の手の内が読めるかもしれない。そうなれば、こちらが優位にものごとを進めることも可能となる。

名案はいつ仕掛けるか、その機会《タイミング》が難しい。それを導くのが、〝構想力〟である。

〝構想力〟に己《おの》が使命感を持ち込みすぎて、目的と手段が混ざってしまった龍馬は、慶応三年（一八六七）十一月十五日、維新回天の日を目の前にして、暗殺者の凶刃に倒れてしまった。そのため彼の胸中は、いぜん不明な点が多く、後世に創られた「世界の海援隊でもやりましょうか」の心象《イメージ》が、いつの間にか独り歩きしはじめてしまった。

歴史学に〝もしも〟は禁物だ、とよくいわれるが、筆者は大切な歴史の基本だと思っている。もしも龍馬が、明治という新時代を生きていたら、どのような後半生を送ったであろうか。

三菱財閥を創業する岩崎弥太郎は、土佐藩の命により、龍馬が隊長をつとめた「土佐海援隊」の会計を担当し、隊の解散後、その運送・貿易部門を手中に収め、それを基盤にして〝世界の三菱〟を築きあげた。

また、土佐藩士で少数派の討幕論者であった乾（のちの板垣）退助は、明治になって、「龍馬は西郷や木戸孝允のような元勲にならず、大財閥の盟主になっただろう」と語っている。

もし、龍馬が存命でありつづけたならば、彼は〝三菱〟を凌ぐ大財閥を形成し、世界の大海原に乗り出して、貿易活動に東奔西走。そして、その商船隊は有事のおりには艦隊となり……との想像も、なるほど可能である。だが、残念なことに、龍馬には弥太郎のような商才がなかった。「亀山社中」しかり、「土佐海援隊」しかり。

第一、生前の龍馬の言動を見るかぎり、「一大共有の海局」にかわる第三の勢力を創り、保持したい、との思いから、彼は貿易の利益を求めはしたが、これは新しい日本を建国するための方便でしかなかった。そのあとの〝世界の海援隊〟構想については、何一つ本人は語っておらず、どちらかといえば、真相は維新後の西郷隆盛の感慨に近いものが感じられる。

「私もしも死なんだらりや(死ななかったら)、四五年のうちには帰るかも。露の命ははかられず。先々御《ご》ぶじで、おくらしよ」(慶応三年正月二十日　姪《めい》・春猪《はるい》宛ての手紙)
四、五年のうちには故郷に帰りたい、と述べている龍馬だが、この時、すでに後藤との和解は成立しており、当面の難事であった「亀山社中」の存続問題は解決の方向が見えていた。決して、失意からの隠遁《いんとん》とは思えない。書中の四、五年とは、幕府を倒し、新しい政府を樹立させるのには、それくらいの期間が必要と考えていたのであろうか。
そういえば、龍馬が妻のお龍《りょう》に語り残した言として、次のようなものがあった。

一戦争済《す》めば山中へ這入《はい》って安楽に暮らす積《つも》り、役人になるのはおれは否《いや》ぢゃ、退屈な時、聞きたいから月琴《げっきん》でも習っておけと、お師匠《ししょう》さんを探してくれましたので、私は暫《しばら》く稽古しましたが、あなた（龍馬）に聞ひて頂くなら、も少し幼少《ちいさ》い時分から稽古《けいこ》して置けば宜《よろ》しかつたと大笑ひでした。（『千里駒後日譚《せんりのこまごじつたん》』より）

龍馬と共に国事に奔走した西郷もまた、故郷に帰り、余生を過ごすことを希望していた。だが、鹿児島へ戻ったものの、西郷の名望は明治新政府を凌《しの》ぎ、押し出されるようにして中央に再登場したあげく、明治六年（一八七三）の征韓論の政変により、下野《げや》。同十年の西南戦争に担《かつ》ぎ出されて、ついにこの世を去っている。

同様に、龍馬は故郷へ戻ったとしても、果たして安息の日々を送れたであろうか。龍馬も再び、新政府に出仕したのではないか。では、彼はそこで何をしたであろうか。薩長藩閥政府の切り崩しを画策し、見果てぬ夢である「一大共有の海局」↓第三勢力の育成を、今度こそはと、師の勝海舟とともに挑んだようにも思われる。

その過程で、海運の育成や陸運の指導・発展に尽力したことは十二分に考えられる。

筆者はそのおりの龍馬の活躍を、退蔵こと前島密に重ねて想い描くのだが……。

もっとも、どの道、龍馬は国家権力と戦う方向へ進んだのではあるまいか。薩長同盟の締結に働いた龍馬が、薩長藩閥政府と戦う――龍馬の生き生きとした、八面六臂の活躍が目に浮かぶようである。

あるいは、自由民権運動に彼がかかわったならば、国会開設の時期を早め、日本最初の衆議院選では与党候補者を圧倒して、野党をまとめ、それこそ第二の維新を遂行し、彼の理想とした第三の局を実現したかもしれない。

ｉｆ《イフ》の日本史には、〝構想力〟のヒントが、埋蔵されているように思う。

第三章

構想力を伸ばすには

旧幕臣・前島来輔の考え方

❖鳥羽・伏見の戦い

王政復古の大号令が出されたのが、慶応三年（一八六七）十二月九日、明けて慶応四年元旦、巻退蔵あらため前島来輔《らいすけ》（届け出は「来助」・のちの密）は、兵庫奉行所の支配調役《しらべやく》に昇進していた。さしずめ、公務員では課長級といえようか。

翻訳方を兼任してのものであり、周囲はこの抜擢を遅すぎたもの、と受け止めていたようだ。逆にみれば、それだけ来輔が奉行に徹底して嫌われていた、ということであろう。もっとも当人にすれば、前将軍・徳川慶喜への上書（第二章）の反応が気掛りであり、己れのわずかな昇進など、その眼中にはなかったに違いない。

前将軍は納地――一部削減も含め――を納得されたかどうか。答えは、否であった。その証左はすぐさま二日後の、鳥羽・伏見の戦いで明らかとなる。慶喜は朝廷の辞官・納地を拒否。すべてを武力に訴え、一気に積年の問題を解決する道を選択した。

ところが、一万六千四百余（会津・桑名その他の諸藩・諸隊をあわせると二万三千七百余）対六千余――圧倒的な軍勢を擁していながら、旧幕府軍は薩長を主力とする新政府軍に、まさかの敗北を喫してしまう。戦場に錦《にしき》の御旗《みはた》が翻《ひるがえ》り、旧幕府軍は〝朝敵〟となるのを恐れ、戦場を離脱したのが敗因であった。

――兵庫奉行所は交戦地の、さらに西にある。

いわば、新政府軍の領域＝敵地のまっただ中に、取り残されたようなもの。

奉行以下、顔色を失い、浮き足立つ中にあって、来輔は江戸へ逃げ帰ることを急がず、税関に詰め切りで残務処理にあたり、官軍と化した薩長側に奉行所を引き渡す際、いささかの遺漏《いろう》もないように、と心がけた。

来輔はこの頃、〝構想力〟の持ち時間の使い方を、会得していたようだ。

相手方に主導権を委《ゆだ》ねるからには、それでもやれる自分の仕事を、持ち時間の範囲で考えなければならない。職務放棄は、武士のすることではない。それは戦場での、敵前逃亡と同じだ。

「それが私の武士道です」

と、いい切るあたりは、この人物の剛腹さといえようが、来輔は巻退蔵時代に、薩摩藩の一部から〝幕府のイヌ〟との嫌疑をかけられたままであった。その人間が幕臣として、兵庫奉行所にいることを知られれば、「ほれみたことか」と激した薩摩隼人《はやと》たちに、あるいは斬り殺されたかもしれない。

が、本人はそうしたことに頓着なく、しかしそのための残務処理は完璧に終わらせ、宿舎に戻る暇もなく、いよいよ東帰のための、指定の英国船に乗り込み、兵庫を退去するという段になっても、辞書と官用簿だけをかかえての、船上人となったのが来輔であった。

「しかたなし――」

と、己れの私物をあきらめていると、なんと私物の一切が同じ船に積まれているというではないか。宿舎の主人や、同僚の配慮によるものであった。

一方、帰東を焦った奉行の柴田剛中は、私物を積み込むべく雇った小舟にたばかられて、荷物を盗まれるという失態を演じていた。

また、柴田の後任として、新任の兵庫奉行・岡崎藤左衛門が選任され、引き継ぎのために現地へ姿を現わしたおり、岡崎は実務に熟練した来輔に、「奉行所へ残ってくれまいか」と持ちかけている。もし、奉行所に残ってくれるなら、最高の役職をもって報いるが、ともいった。しかし、来輔の〝構想力〟は時代の趨勢を読んでいた。

いまさら徳川家が、何をどのようにしたところで、敗者に発言力はない。薩長同盟によって支えられた新政府が、急ぎ自分たちの兵庫奉行を任じるに決まっていた。「残ることは無意味です」と、来輔は答えたという。正月十一日、彼は江戸に帰り着く。

同じ日、信じられないことだが、前将軍慶喜は前線の友軍ことごとくを上方《かみがた》に見捨てて、側近のみを連れ、ひそかに江戸へ舞い戻っていた。

「余は恭順の意を表する――」

というのが、ここに来ての慶喜の大義名分であった。

だが、多くの旧幕臣たちは中途半端な形で敗れた戦いの、再戦を主張して譲らなかった。来輔はいう。

「帝幕の正閏《せいじゅん》（正しい系統とそうでない系統）を知って、其正《そのまさ》に復せんとするは憂国志士の切望する所、之《これ》に逆ふは正道にあらず」（『自叙伝』・『鴻爪痕』所収）

動くべきではない、と彼はいい、東日本の兵も役に立たないだろうし、フランスの後援も頼むべきではない。そんなことをすれば、内戦により日本の安危さえもわからなくなってしまう、と述べた。さすが、というほかはない。

当時の幕臣の中で、これほどの〝構想力〟を持っている者が、どれほどいたであろうか。勝海舟に匹敵する、と筆者は考えている。勝も越後の盲目の按摩《あんま》が、実の曾祖父であった。二人はともに、幕藩体制の正規の骨組みである武家社会の中に、生まれ、育ってはいなかったから、政局も時勢もつねに、客観的に見ることができ、真の国益を感情論ではなく、実際の処方としてどうすればいいか、の具体的方法論を持つにいたったといえそうだ。

ここで思い出すのは、ほとんど切腹させられかねない状況の中で、江戸へ召還を命じられた勝のその後である。彼は幕府の瓦解に際してその人脈——とくに、薩長陣営における顔の広さ——を買われて、気がつけば敗戦後の幕閣の代表に返り咲いていた。

❖来輔が打つ、次善の手とは?!

本来なら、同じ考え方である勝のもとに、来輔は自ら訪れ、協力してしかるべきであった。が、この気一本の人物からすれば、薩摩藩同様、勝はどこかしら駆け引きの多すぎる陰謀家、策士に見えてならない。

同様の〝構想力〟を持つだけに、似たもの同士で、合わなかったのかもしれない。むしろ説得すべきは、勝の政敵ともいうべき、小栗忠順だと来輔は考えた。思い立ったら実行あるのみ。彼は小栗のもとを訪ねたが、徹底抗戦を主張する小栗は聴く耳をもたない。そのまま、席を蹴って去ってしまった。

性分であろう。来輔はじっとしていられない。次には、前将軍慶喜へ改めて建白書を認《したた》めようと、今度は関口艮輔《ごんすけ》(隆吉《たかよし》)を説得に行く。

同じ建白書を提出するなら、著名人の連署がいい、と来輔は考えたからだ。

関口は山岡鉄太郎（鉄舟《てっしゅう》）の友人であった。家は幕府の御弓持与力の出で、彼はかつて熱狂的な攘夷論者であり、九段坂にて勝を襲撃し、斬ろうとして失敗した前歴があった。が、「赤心《せきしん》の人である」と来輔はこの人物を評価していた。このあたりにも、彼の好みが出ている。

先の小栗もそうだが、来輔は権謀術策を逞《たくま》しくする人物より、誤解されても己れの主張を真っ直ぐに語る人物に好感が持てた。

そして、そうした人物にあえて真正面からぶつかり、こちらの誠心誠意を明らかにする——これがどうも、彼のやり方であったようにも思われる。

小栗は動かなかったが、関口は同意してくれた。この時、山岡は不在であった。彼は義兄の高橋泥舟《でいしゅう》とともに、前将軍慶喜の護衛にあたっていた。なかなか誘いづらい、というところから話が転がって、開成所で諸大名の重臣が会合する機会があるから、これに臨席して同意を求め、できれば諸侯連合の上書としてはどうか、ということになった。

このときも来輔は一生懸命であり、前将軍に聴許されぬときは、君前で腹を切って諫《いさ》める心づもりでいたという。が、開成所側がこの不穏な空気に、事前に気づいたようだ。結局、会合自体が流れてしまい、来輔は目的を達することができなかった。

そうこうするうちにも日は重なり、混乱をきわめた江戸城内も少しずつ沈静化し、前将軍慶喜の〝恭順〟方針が、旧幕臣のもとで一応は承認される。無論、この決定に不平・不満を持つ者は、各々がその思うところに従って行動することとなった。

来輔はといえば、徳川家の再興――新政府へ改めての参加を考え、政局の進み具合や流れに応じられるように、旧幕府＝徳川家を〝恭順〟にまとめておきたかった。いつ、いかなる形でも、新政府に合流できる具体的な手順を構想していたのである。

よく将棋などで、初心者は〝三手先の読み〟ができない、といわれる。

つまり、自分の指す手に相手がどう反応し、その結果が次の自分の指し手にどうつながるのか。初心者は往々にして、自分に都合のいい相手の次の手を読もうとする。が、そのわりには全体を見ていない。自分の側から事物を見ているだけでは、客観的な判断ができず、状況を見誤るおそれがある。そうなっては、正確な構想は描けない。

〝構想力〟を練るにあたっては、相手の立場を念頭に置く必要がある。そのためには、うぬぼれや一人よがりを掃《はら》って、次（二手目）の甘い判断を避けねばならない。

来輔にとって（旧幕臣全体にとっても）、次の手――取って置きは、幕府が二百六十五年、培ってきた官僚機構そのものにあった。行政機関を動かせる人間は、旧幕府の中にしかいない、という史実である。

慶応四年（一八六八）二月に入って、来輔は徳川家の勘定格徒目付《かちめつけ》の役に任ぜられ、かつて開成所の教授に推《お》してくれた目付・平岡凞一（熙一）の配下となった。

それはそれでよかったのだが、この平岡に「官軍迎接役《げいせつやく》」としての、東海道出張が命ぜられる。この場合、「迎接」とはいっても、進軍してくる官軍の道先案内をせよ、というのではない。逆で、進撃してくる彼らに箱根で兵を止《とど》めてもらい、徳川家に対する寛大な処分を行ってもらうべく、その説得にあたれ、というのである。

一つ間違えば、殺気立った薩長の将兵は、戦陣の血祭りに平岡を撃ち殺してしまうかもしれない。

「彼らは決して、説得には応じませんよ」

さしもの来輔も、平岡のことを慮《おもんぱか》って狼狽《ろうばい》した。

少なくとも来輔は、東海道を進んでくる官軍の、事実上の総大将・西郷吉之助（のちの隆盛）を多少なり知っている。あの人物が徳川家に都合のいい話を、聞くはずもなかった。

「君公の恭順の意を相手方に知らさぬかぎり、こちらの要望は通りますまい」

前将軍慶喜が、自ら江戸城の大馬場に群臣を召集し、江戸開城の命令を下し、旧幕臣をしてその準備にあたらせ、錦《にしき》の御旗《みはた》を迎え入れてその実《じつ》を示してこそ、鬼も人も感泣し、官果ははじめて聞く耳を持つに違いない、と。

平岡とて馬鹿ではない。来輔のいうことは十分に承知していた。が、命令は命令である。たとえ殺されるとわかっていても、行かねば武士の一分《いちぶん》が立たない。

だが、従行者が尻ごみして、目付の行列も満足に組めなかった。

「足下《そっか》（来輔）、幸《さいわい》に友誼《ゆうぎ》を棄《す》てず。余（平岡）を助けて君家（徳川家）に尽すべし」

と、平岡は来輔を掻き口説いた（『自叙伝』・『鴻爪痕』所収）。

下役の来輔は、この申し出を断わったからといって、障《さわ》りはなかったろう。

ところが来輔という男は、こういう時、決して断わることのできない性分を持っていた。これまでも、これからも、局面が難しければ難しいだけ、あえて貧乏くじを引いた。赤心をもって真正面から、玉砕覚悟で立ち向かう。ただ不思議と死なず、そのつど道は開けた。〝構想力〟の読み、あればこそであったといえる。

平岡の一行は東海道を急ぎ、どうにか小田原までは辿《たど》りつけたようだ。

しかし、ここまでだった。征東軍＝官軍の先鋒・大村藩兵が、ここまで来て、関門をもうけ、東から来たものを、問答無用で西には通さず、ことごとく今来た道を戻らせていた。天下の目付が、田舎侍たちに回れ右をさせられる。平岡も来輔も、骨身にしみて時勢の流転を思い知ったことであろう。

❖帝都を江戸へ、と大久保に建白

むなしく江戸へ戻って来た来輔の耳に、今度は大久保一蔵（のちの利通）が都を京から大坂に遷《うつ》す考えである、との風評が聞こえてくる。

「それはなりませんぞ、一蔵さん」

来輔は今や天と地ほどにも身分が開いてしまった、かつての上司に心の中で抗議した。遷都の地は江戸でなければならない、との持論がすでに来輔にはできていた。

もし、江戸に都が遷されねば、大変なことになる。大久保さんはそのことにまだ、気がついていない。なんとか己れの意見を建白書に草《そう》し、遷都の再考を願わねばならない。

来輔は方策を練ったが、徳川家の目付すら小田原までしか行けなかったものを、京にある大久保のもとまで、徒目付風情が辿りつけるものではなかったろう。ましてや、なまじ旧知である。薩摩藩を脱藩して逃げたことも、先方は覚えているに相違なかった。

「しかも、自分は今、徳川家の人間だ」

さしもの来輔も、自らが建白書を持参することは断念し、西へ行ける確かな人に建白書を託そうと考えた。だが、並の人物では官軍の関所を越え得ない。

かといって、飛脚に託してもこの動乱の最中、先方へ届く保証はなかった。

さて、どうしたものか、と思案していると、英国公使パークスが国書を捧呈《ほうてい》すべく大坂に行くという。ならばぜひ、その通訳の一員に自分も加えてもらおうと、来輔は改めて己れが行くことにして、人脈を辿《たど》りたどり、日本語通訳官アーネスト・サトウのもとへ行きついた。

サトウは八歳年上の来輔に、好印象を抱く。彼の望みを聞き、自国イギリスの蒸気船に乗せて、大坂までその身を運んでくれた。

しかし、パークスの大坂滞在の日数は短かった。この間に大坂から京都まで潜行し、大久保に建白書を手渡せるとの確証はもてない。やむなく来輔は、携《たずさ》えてきた建白書を「封緘《ふうかん》し、使丁（使い）を遣《や》りて之《これ》を送呈」し、京都へ運ばせる。

すでに官軍の支配地となっていた畿内は、治安が極度に悪化しており、白昼、徒党を組んだ強盗団が、押し込みや婦女子への乱暴などを、日常茶飯事に働いていた。

「果たして、届くか……」

来輔は江戸へ戻ったものの、このおりの決死の建白書は、奇跡的に大久保その人の手許に届き、その内容を吟味した結果が、江戸への遷都となった。いわば、来輔こと前島密が実は、首都東京を創った恩人ともいえるのである。

では、彼はどのような内容の建白書を送ったのであろうか。幸い、草稿が本人の手許に残っていた。題は、「大久保君に与へて東遷を論ずる書」となっている。なお、この場合の「君」は「様」の意。少し長いが、説明を加えつつ次に引用してみた。

大久保市蔵君座下
頃日《けいじつ》、先生（大久保）遷都の御奏議を伝ふる者有之《これあり》、拝読仕《つかまつり》候。御見識の卓越にして、御議論の盛大なる、実に拍按賛歎《はくあんさんたん》（机をたたいて感嘆し、褒めたたえることこと）仕候。乍去《さりながら》、遷都の地は浪華《なにわ》（大坂、のち大阪）に如《し》かずとの事に於《おい》ては、甚《はなはだ》感服不得仕候《つかまつるをえず》。願くは尚《なお》一段の御英断を以《もつ》て、遷都の地は江戸に如かずと御修正相成度《あいなりたく》希望仕候。
（「自叙伝」・『鴻爪痕』所収）

来輔の建白書は、手厳しい内容であった。
奥州の諸藩が新政府を認めないのは、薩長両藩が〝王師〟に名を借りて私利私欲のために働いている、との思い込みが先方にあるからだ、と彼はいう。
そのうえで、新政府が新しい日本の国政を担うことを知らせるためにも、江戸への遷都が必要である、と来輔は説いた。さらに彼は、「副陳書」もつけ、江戸遷都の重要性を分析してみせた。これはまさに、〝構想力〟の傑作といってよい。

副陳書

一、大政府所在の帝都は、帝国中央の地ならんを要《よう》す。蓋《けだ》し蝦夷地を開拓の後は江戸を以《もっ》て帝国の中央とせん。而《しこう》して蝦夷地の開拓は、急ならざる可《べか》らず。且《かつ》此開拓事務を管理するは江戸を以《もっ》て便なりとす。浪華は甚だ便ならず。

二、浪華は運輸便利の地と称す。然《しか》れども是《これ》和形小船の日にして称するを得べし。今は西戎《せいじゅう》（西の蛮族、ここでは欧米のこと）大艦（蒸気大船）の時となる。運輸の便とは之《これ》を容《い》れ、及び之を修理する便ある地を謂《い》ふなり。而《しこう》して浪華は之を容るべき安全港を築造し難し。又修繕の便なし。之《これ》に反して江戸の海たる已築《いちく》（すでに築かれた）の砲台を利用して容易に安全港を造り得《える》べし。以《もっ》て大艦巨船を繋《つな》ぐべし。又横須賀（小栗忠順の創業した製鉄・造船所）は近きに在り。修繕の工《こう》も容易なり。

三、浪華は市外、四通の道路狭隘《きょうあい》にして、郊野宏大ならず（郊外の平野も広くない）、将来の大帝都を置くべき地にあらず。江戸の地たる八道の道路は広濶にして四顧の雲山曠遠《こうえん》（はるか遠いこと）なり。〈下略〉

四、浪華の市街は狭小にして、車馬駆逐の用に適せず。王公又は軍隊の往来、織《お》るが如きを容るべき設に非ざるなり。之《これ》を改築せんか経費の大なる、民役の多き、測るべからず。江戸の市街は彼に異《こと》なり一の工事を起す無くして可なりとす。

五、浪華に遷《うつ》さば宮闕《きゅうけつ》（皇居）・官衙《かんが》（官庁）・第邸（要人の屋敷）・学校等皆新築を為さゞるべからず。江戸に在りては官衙備り、学校大なり。諸侯の藩邸、有司の第宅、一工を興さず、皆是れ已に具足《ぐそく》（十分に整っていること）せり。〈中略〉今の時に際しては、国費民役最も慎慮を要せざるべからず。

六、浪華は帝都とならざるも何等の衰頽《すいたい》を憂《うれ》ふる事無く、以前本邦の大市なり。江戸は帝都と為らざれば市民四方に離散して寥々《りょうりょう》東海の寒市とならん。江戸は世界の大都に列す。此大都を以て荒涼弔古《ちゅうこ》（荒れはててあわれむべき）の一寒市となす、甚だ痛惜に勝へざるなり。幸に帝都を茲《ここ》に遷さば、内は百万の市民を安堵し、外は世界著名の大都を保存し、皇謨の偉大を表示す。〈後略〉（「自叙伝」・『鴻爪痕』所収）

差し出人は、「江戸寒士　前島来輔」であった。「寒士」は貧しい書生の意。

一読してうなった大久保も、これを書いたのが、かつての巻退蔵であるとは思いいたらなかった。両者が同一人物だとは、この時点では気がつかなかったのである。

のちに明治の世となって、大久保の部下となった前島密に、そうとは知らずに大久保が、何気なく尋ねたことから、ことの真相は明らかとなるが、無論、このおりの来輔は、未来、大久保と談笑する己れなど、想像することもできなかったに違いない。

❖帝都の利益を以て目的とせよ

旧幕府歩兵奉行の大鳥圭介が四月、旧幕陸軍のフランス式歩兵を連れて、脱走しようとしている、との情報を得た来輔は、さっそく出向いてその無謀を戒《いまし》めた。

奥羽諸藩に越後が加わり、やがて〝奥羽越列藩同盟〟となる東軍——その編成に荷担したとしても、決して官軍には勝てない。それよりも今、重要なのは、新国家の外交であろう。欧米諸国の知識を持つ者は、今こそ進んで新政府に出仕し、国家に尽くすべきではないか。国家行政を動かせるのは、旧幕臣だけだ、と来輔は正論を吐いた。

が、目下の混乱に激情していた大鳥は、その言葉に貸す耳は持たなかった。

「この、徳川の賊臣め」

怒りに燃える目で大鳥は決めつけ、従っていた部下に来輔を追い払うように命じた。

一説に、殺害しようとまでしたという。

なるほど大島は、来輔のいう「欧文を能《よ》くし達識のある」秀才中の秀才といってよかった。来輔より二歳の年長であるこの男は、もとは播磨国赤穂《あこう》（現・兵庫県赤穂市）に生まれた医者の小倅《こせがれ》にすぎない。それが緒方洪庵の適々斎塾に学んで頭角を現わし、来輔と同じようなコース――蘭学から洋式軍学――を経て、江川太郎左衛門の塾にも入門して、その秀才ぶりを推薦され、幕臣の列に加えられた。

それだけに、幕府への恩義が大きかったのかもしれない。

江戸が無血開城されたころには、脱走兵を率いて関東各地を転戦していた。だが、やがて官軍に押し包まれるように会津、仙台と北上を余儀なくされ、ついには蝦夷地に渡って、蝦夷徳川政権では陸軍奉行に選出されている。

実のところ、実戦の指揮官としては無能に近く、不適格であったようだが、その頭脳はやはり図抜けていた。五稜郭の陥落後、降伏。獄中生活を経て、新政府に出仕してからは幾つもの官職《ポスト》を歴任した。なかでも工部省における実績が、一番多かったのではあるまいか。明治四十四年（一九一一）に、七十九歳で没している。

来輔と争った〝ご一新〟は、あまり良い思い出とはならなかったようだ。明治政府内でも、二人は敵味方となっている。

大鳥と同様、否、それ以上に来輔が、説得に重きをおいたのが榎本釜次郎（武揚）であった。五月十五日、上野の山に籠《こも》っていた彰義隊は、この日、アームストロング砲の砲音を合図に、山中に入っていた長州の覆面部隊の内部攪乱《かくらん》にやられ、半日余で崩壊、潰走してしまう。戦後の同月二十四日になって、御三卿の一《いっ》・田安家の亀之助が徳川宗家を相続し、駿府（現・静岡市）に七十万石を賜り、新たに立藩することとなった。

榎本は徳川家の処分を見届けてのち、先輩の勝海舟の止めるのもふり切って、最新鋭軍艦「開陽丸」をはじめ、軍艦数隻をひきいて品川沖を脱走、北上する。この榎本にも、来輔は喰い下がった。

日本の海軍の将来を考えるなら、早まったことはしないでほしい。蝦夷地には、修繕所《ドング》一つないではないか。速やかに新政府に艦船を返献して、先輩の勝とともに海防にあたってほしい、と来輔は掻《か》き口説いている。だが、榎本の反応も大鳥に変わるところはなかった。あやうくここでも、来輔は殺されそうになる。

榎本は来輔よりも、一歳の年下。榎本もまた武士の出自ではなく、学問の力だけで直参となった人物であった。昌平黌《しょうへいこう》を抜群の成績で出た彼は、時代の趨勢を読み、海外生活の体験者でもあるジョン万次郎の塾に学び、安政元年（一八五四）には箱館奉行・堀利熙《としひろ》の小姓として箱館へ渡り、樺太探検にも従っていた。

海軍の黎明《れいめい》期、長崎海軍伝習所の二期生として選ばれ、近代海軍を学んでいる。やがて、オランダへ留学した。来輔に比べれば、めぐまれていたといえるが、この幕府の厚遇が、榎本の冷静な目を曇らせ、北へ走らせたといえるかもしれない。

慶応三年（一八六七）二月に帰国したものの、幕府の瓦解はすでに手の施《ほどこ》しようのない状態となっていた。最新鋭軍艦「開陽丸」の船将となり、海軍副総裁として終戦幕閣に参加し、勝を助けながら、どうしても榎本は主戦論を捨てることができなかった。大鳥とともに蝦夷地へ渡り、局地政権を開いたものの、「開陽丸」を座礁させてしまい、明治二年五月には官軍の総攻撃をうけ、来輔の予想した通り、降伏することとなる。

このとき、降伏の勧告を行ったのが、薩摩藩における西郷、大久保に次ぐ実力者の黒田清隆《きよたか》であった。そのため以後も榎本は黒田を頼り、二年半の獄中生活を経てのちは、その庇護下にあって、蝦夷地＝北海道開拓使に出仕している。当初は技術官僚《テクノクラート》として、その手腕を大いに発揮した。明治七年には海軍中将兼特命全権公使として、ロシア公使館に赴任。千島・樺太交換条約を締結し、幕末以来の懸案であった北方領土の問題に、一応の終止符を打っている。

榎本は行政官・官僚として優れており、外務大輔、海軍卿。特命全権公使として清国への駐箚《ちゅうさつ》（駐在）などをそつなくこなして、大日本帝国憲法の発布とともに、わが国最初の内閣においては逓信大臣となった。

しかし、さしもの榎本も、明治になってから来輔こと前島密によって組み立てられた、郵便の仕組みは理解できなかったようだ。自らの次官に、押しいただくように前島を招請することとなる。そのとき、二人の胸に去来したものは果して何であったろうか（終章参照）。ほかに榎本は文部・外務・農商務の各大臣を歴任。枢密顧問官もつとめた。

明治四十一年十月に、七十三歳でなくなっている。

一方で学者としても、彼は際立って高い評価を残した人物でもあった。

❖駿府藩徳川家における来輔の活躍

駿府藩徳川家の立藩によって、旧幕臣には三つの道のうち、一つを選ぶことが義務づけられる。

一、朝臣となること。二、帰農すること。三、駿府への無禄移住。

来輔の立場や来歴からいけば、何の斟酌《しんしゃく》もなく一を選んでしかるべきであったろう。語学も含め、専門技術を持って一代で幕臣にとりたてられた者の多くは、幕府の瓦解《がかい》とともに、己れの行く道はすなわち、己れの才覚を活かせる新天地だ、と新政府に出仕している。

だが、来輔は苦慮の末、あえて三を選択した。彼はなぜ、このような決断をしたのか。三者択一を迫られた来輔は、本当のところはまず、「二、帰農すること」の別版《バージョン》＝第四の道――すなわち、商人を念頭に浮かべていた。しかも貿易商であり、口吻《こうふん》としては商社の構想であった。この点でも、彼の〝構想力〟はきわめて先見性を持ったものであったといえる。

なぜならば、日本の近代企業の出発＝財閥は、のちに〝四大財閥〟と呼ばれた三井、三菱、住友、安田のうち、〝三井〟が呉服の越後屋から両替商への転出で成立し、〝住友〟は鉱山を主体としたものであり、これから誕生する〝三菱〟は海運がスタートであった。〝安田〟は両替商から銀行へ、いわゆる金融財閥として形成されたもの。

三菱商事、三井物産などが登場し、本格的に活動するのは、いずれも明治中期以降のことでしかない。それを来輔は、すでに慶応四年＝明治元年（一八六八）の時点で考えていた。これは半面で、資本のない彼らしい発想ともいえる。

幸い英語は堪能であり、貿易の実務も兵庫奉行所で身につけていた。これから欧米資本も続々と、日本へ上陸してくるだろう。それらを相手に商いを周旋し、あるいは日本側の商人との橋渡しをすれば、国家を富ませることができるはずだ。

最初にそう考えたところが、この男の真骨頂であったろう。従前より、己れの利益＝私利私欲の極端に薄い来輔は、自らの資産を形成することを一番には考えていない。そのための立身出世も、唱えなかった。加えて、この頃の一般のイメージである、商いを賤しい行為と考えることも、この男に限っては欠片《かけら》もなかった。

やるならば神戸だ、と具体的な地の利も来輔は、すでに脳裏に描いていた。兵庫奉行所時代に築いた人脈も、多少は効力を残しているかもしれない。

もし、この構想通りに彼が動いていれば、日本は近代の歴史上にまったく異なった、別なタイプ（商社型）の財閥を有することになったであろう。だが、ここで彼は思い直す。この心情こそが、やがて世界に冠たる日本の郵政を築くことにもつながった。

然《しか》るに再考熟按《じゅくあん》すれば、（十分に考慮すれば）余（来輔）と雖《いえど》も亦《また》商売と為《な》らば、不知不識の間に私庫（個人の財産）を富ますの業《ぎょう》に傾き、国利発揚の志（国に利益をもたらすべく気をふるう）は第二に降るべし。余が天性は悠々自適風月《ふうげつ》を弄《ろう》するを好めども、齷齪《あくせく》として（心にゆとりなく目先のことにとらわれ）商界に没頭するを厭《いと》ふ。

（「自叙伝」・『鴻爪痕』所収）

国家のために貿易商人を志したとしても、やはり、己れも人間である。知らないうちに私利私欲をむさぼり、儲けることに喜びを覚えて、国益をはかるという志が後回しになるかもしれない、と来輔は反省した。

彼の目指してきたのは、独立国・日本の尊厳であり、それこそ今は亡き坂本龍馬が師の勝海舟とともに目指した、「一大共有の海局」の道でもあったはず。それを実現するには、無手勝流《むてかつりゅう》の来輔には中央政府の官僚になるしか方法がなかった。

だが彼は、敗れた旧幕臣の立場にいる。おいそれと、夢は実現しそうになかった。だからこそ来輔は、旧幕臣を一つにまとめ、新国家の官僚として返り咲かせ、逆転を狙ってきたのだが……。

さて、どのように仕掛けるか、と〝構想力〟を練っていると、その思考を遮断するように、勝の伝言が関口からもたらされた。

「藩老（勝）は本日、足下（来輔）を上げて、駿河藩留守居役に任ぜり（のち公用人と称す）、故《ゆえ》に慎《つつし》んで他念有る莫《な》かれ」（同上）

正確には、留守居添役《そえやく》である（のち留守居役に昇進）。

駿府＝静岡へ赴くことを命じられた来輔は、連日、創藩の実務処理に忙殺される。

つい前年まで、三百諸侯のうえに君臨していた徳川の直参旗本（御家人も含む）が、一介の諸侯の、しかも家臣＝陪臣となったのである。

石高でいえば、天下の四分の一を押えていたものが、にわかに、わずかに七十万石になってしまった。旗本一人の家禄の変更だけでも、その実行には大変な労力を必要とした。苦情も出る。頭の切り替えのできない人間は、いつの時代にもいた。

悲憤に涙し、刀を抜いての乱暴狼藉も絶えない。さらには、事務に不慣れな者もいたであろう。事務処理は、予想以上に遅々として進まなかった。

そこへ、新政府の征東大総督府＝鎮守府の係官から、呼び出しがくる。

さっさとやれ、期限を設けよ、さもなくば処罰するぞ、と係官は新政府の威光を笠に着て、いい放った。応接にあたった留守居の井上八郎は、ただ平身低頭うけたまわり、その場を取り繕《つくろ》うとした。が、うしろにいた添役の来輔が納得しない。

理路整然と徳川家の実状を述べ、帰農するにも他の職に転じるにも、まず資金がいること。駿府へ移住してくるために江戸の家を処分するにも、時間がかかっていることなどを、来輔は係官に語った。

つまり、期日を定めることなどできない、といい切ったわけだ。

これを聞いた係官は、「なるほど」と得心したようだったが、意外にも上司の井上は、控え室へ戻るやいなや顔面に怒気を浮かべて、己れの刀をたぐり寄せた。

「その方は朝官（新政府の役人）の前で、わたしを侮辱する言動をおこなった。痛恨骨《つうこん》に徹《てっ》す。こうなっては、その方と刺し違えて死ぬしかない」

上司の己れが蔑《ないがし》ろにされ、面子《メンツ》をつぶされたと思ったのだろう。

――この人物も、代々の直参ではなかった。

もとは日向国（現・宮崎県）延岡の出身者で、来輔同様に商人の家僕までやり、苦労して文武を修めた。ただ、時代がいささか早すぎた。来輔とは二十歳近い年齢の開きがあり、年長の井上の時代、いまだ蘭学、ましてや西洋式軍学は隆盛《りゅうせい》をみていなかった。

必然的に彼は、十五歳で千葉周作の北辰一刀流の道場に入門。その卓越した腕前を見込まれて、幕臣となっている。新撰組の誕生母体である浪士組の取締に任じられ、京都見廻組の組士を鍛えるための、京都文武場の師範役もつとめた。

あるいは来輔の、養父の位置にある前島錠次郎などは、この井上にこてんぱんに扱《しご》かれた一人であったかもしれない。

そのあとも遊撃隊の頭《かしら》をつとめ、歩兵奉行となって明治を迎えていた。明らかに、一徹者の武官である。剣の腕では、逆立ちしても来輔はかなわなかったであろう。

❖来輔は藺相如《りんそうじょ》なり――身の丈に合った処し方

ただ、来輔は常にそうだが、相手が権力者であろうが上司であっても、正論、己れの主張が第一であった。剣の達人に殺されかけている状況下にあっても、彼は決して逃げることをしなかった。藩邸に戻って、藩老（重臣）に報告し、そのうえで己れの処分を仰ぎたい、と上司の井上にいう。

井上も納得して刀を納め、二人はそのまま藩邸に戻った。そして藩老に裁断を仰いだところ、彼らはこぞって来輔の言動を肯定した。

まさしく、廉頗《れんぱ》、藺相如《りんそうじょ》の故事の再現だ、と絶賛してくれる人まで現れる。

余談ながら、藺相如について触れたい。なるほどこの人物は、来輔こと前島密を彷彿《ほうふつ》させるものを持っていた。もっとも藺相如は、中国の戦国時代の英傑である。

戦国時代《このじだい》、〝七雄〟と称せられた燕・趙・韓・魏・斉・楚・秦の七国家が、互いに鬩《せめ》ぎ合い、生き残りを賭けて戦っていたが、一方では秦が大国化する過程でもあった。

そうした中で、秦の昭王から趙の恵文王に対して、〝和氏《かし》の璧《へき》〟と名づけられた天下の名宝（玉《ぎょく》＝宝石）と、秦の十五城を交換したい、との提案がもたらされた。

もとより大国の秦は、本気でこのような交渉をしたのではなかった。趙が提案を呑《の》めば、ただで〝和氏の璧〟を取り上げようと考え、交換を拒絶すれば、それを口実に趙へ攻撃をしかけるつもりである。どうしたものか、と恵文王が思案に暮れているとき、藺《りん》相如《そうじょ》という食客の名が挙がった。なすすべのない恵文王は、藁《わら》にもすがる気持ちで藺相如を使者に立て、昭王のもとに璧を持参させることにした。

藺相如は秦におもむき、昭王のようすを一部始終、観察したが、十五の城との交換は絵空事だと確信する。そこで、一度は昭王に手渡した璧を、

「その璧には瑕瑾《きず》がございます。お教えしましょう」（〝璧に瑕瑾《きず》〟の語源）

と取り返すと、それを抱いて自らは柱を背にして立った。

逆立った怒髪が、冠をつきあげたという。藺相如は昭王に罵声を浴びせ、そもそも約束を果たす気のないことを詰《なじ》り、「ならば――」と璧を己れの頭とともに、柱で砕こうとした。昭王は慌てた。なにしろ〝和氏の璧〟は、天下の名宝である。

砕かれてはたまらない。己れの無礼をわび、係官に地図を持参させて十五の城を指し示した。が、藺相如はそれでも璧を渡さず、なおも五日間、斎戒したうえで鄭重《ていちょう》に璧を受け取って欲しいという。もっともだ、と考えた昭王はその申し出を許したが、藺相如はこの間に、従者を変装させ、璧をもたせて間道づたいに趙へ帰国させていた。

五日後、藺相如は昭王にいった。

「歴代の秦王は、約束を守られたためしがありませぬ。この度も王に欺《あざむ》かれてはと存じ、璧は人にもたせて、すでに趙に帰しました。秦は強く、趙は弱うございます。約定さえ守っていただければ、一人の使者をお遣わしになるだけで、趙は璧を献上いたしましょう。しかし、王をたばかった罪は、誅殺に値します。なにとぞ、それがしを釜茹での刑に処されますように」

居並ぶ秦の群臣たちは色めき立ったが、昭王はもはや璧が手に入らぬことを悟り、これからの趙との外交をも考慮して、藺相如を釜茹ではなく、厚くもてなして帰国させた。すばらしい〝構想力〟である。帰国後、藺相如は趙の上大夫となった。

このエピソードから、〝和氏の璧〟は〝連城の璧〟とも呼ばれ、藺相如の功を称《たた》えて〝完璧の使者〟と呼ぶようになった。これが今日の、「完璧」の由来である。

さて、来輔と井上八郎の関係が、なぜこの藺相如と関わるのか。これには、もう一方の廉頗《れんぱ》が登場しなければ理解しにくい。「完璧」の活躍以後のことである。

秦は趙の隙を窺《うかが》うものの、藺相如が万全の備えをしており、なかなか手が出せない。恵文王はやがて、藺相如を「上卿《じょうけい》」(日本の太政大臣)に任じた。ところがこの昇進で、叙勲を抜かれた趙の功臣・廉頗は、この決定に公然と異議を唱える。

「藺相如に会えば必ずや、やつを辱しめてやるぞ」

と、周囲の者にいい出す始末。

以来、藺相如は臆病なまでに、廉頗を避けるようになった。あまりの不甲斐なさに、諫言する者が出た。が、藺相如は聞き入れず、逆に問う。

「廉頗どのと秦の昭王と、いずれがより恐ろしいか」――もちろん、秦の昭王である。

「かつて秦の昭王を、私は叱咤し辱しめた。どうして、ひとり廉頗どのを恐れよう。だがな、あの大国の秦が、趙をあえて侵そうとしないのは、私と廉頗どのがいるからだ。もしいま両虎が闘えば、ふたりとも疵《きず》がつこう。私が廉頗どのを避けつづけているのは、国家の急を第一とし、私の讐《あだ》は二の次にしているからだ」

藺相如のこの言を洩れ聞いた廉頗は、己れの浅はかさを恥じて、肌ぬぎとなって荊《いばら》の鞭《むち》を背に負い、罪を待つ人の格好で、藺相如の門前で謝罪した。

ふたりはここで仲直りをしたのだが、以後は〝刎頸《ふんけい》の交《まじわり》〟を結んだという。これは、ともに頸《くび》を刎《は》ねられようとも悔いはない、との生死を誓う深い交わりの意である。

井上も一廉《ひとかど》の評価を受けてきた人物、一時の興奮から冷めて再考してみると、なるほど、この年下の部下の処し方は理路整然、正しかったことが理解できた。武人は潔さが身上である。彼はかつて廉頗が藺相如に示したごとく、来輔に心中より詫びを入れ、二人はそれから親しく交わりを結んだという。

のちに浜松城代をつとめた井上は、次いで水俣県権参事を歴任。静岡県七等出仕となっている。第二十八国立銀行の創立に際しては、頭取もつとめた。明治三十年（一八九七）四月、八十二歳でこの世を去っている。

蛇足ながら、人はときに逆境の中で切羽詰り、突飛な一発逆転をねらう行動に出がちだが、〝構想力〟の見地からは、あまりその手の奇手は考えない方がよい。得てして、自分の身の丈に合わないことをしても、状況は好転せず、ますます深みにはまることになりかねない。

たとえば剣豪の井上に、感情で来輔が刀で応じたとすれば、どうなっていたであろうか。苦境のときこそ、しっかりと自分と向き合うことが大切である。そのことを来輔の言動は、語りかけてくれていた。

❖明治政府からの出仕命令

明治元年（一八六八）十月に入り、明治天皇は東幸に臨まれ、江戸城を皇居と定めて「東京城」と改称した。来輔の苦心した、大久保への建白は活かされたのである。

東京遷都にむけて着実に、大久保は布石《ふせき》を打ちつつあり、明治帝は十二月に一度、京都へ遷幸したものの、翌年三月には再び「東京城」へ戻られている。事実上の〝東京遷都〟であった。京都の公家たちは不平・不満だらけであったが、大久保はそれらをことごとく押え込んだ。

日々の仕事ぶりに、その行政手腕を買われた来輔は、徳川家より改めて明治二年正月から、遠州中泉奉行に任ぜられる。天龍川に沿って、信濃の国境までの約八万石を裁量せよ、というのである。

事実上、八万石の大名に匹敵する地位を、来輔は得たことになる。無論、楽な仕事でなかったからこそ、彼のような来歴の人間が選ばれたともいえる。

ほとんど農民しか暮らしたことのない同地域に、無禄の旧幕臣が七百戸余も移住しつつあったのだ。しかも彼らは、ついこの間まで、「殿さま」「奥さま」「若さま」と呼ばれていた人々である。どうやって先住者と、移住者の双方を融和させるか。

第一、やって来る人々には住む家すら、現地にはなかった。来輔は土地の長老たちを招いて、忌憚《きたん》のないところを述べた。

「ここに移住してくる人々は、徳川家の直臣である。朝廷、新政府に出仕という選択もありながら、あえて無禄移住を決した赤誠《せきせい》の人々といえる。どうか旧幕臣としての旧名を重んじ、できうる限りの協力をしてもらいたい」

深々と頭をさげる奉行に、長老たちは驚嘆した。

今までこのようなことをした、奉行を見たことがなかったのだから無理もない。来輔の言動は、順序においても具体的であった。このおりも長老たちを集めた段階で、すでに彼の〝構想力〟は次々と、その先の新しい計画を練りあげていた。

まず、富農たちに献金をさせ、それで長屋を新築する。領内の空き家、使っていない離れなどを細々と調査し、人々の収容を急ぐ。そのうえで、移住して来て一息ついた人々に、土地柄や時勢を説き、自らも積極的に働く意欲をもたせ、なおかつ質素倹約の生活を強調した。移住した初《しょ》っ端《ぱな》だけに、「殿さま」「奥さま」「若さま」も来輔の言を素直に聞き入れたようだ。それにしても日々、未曾有《みぞう》の事態である。

こういう場合、いつの時代も男性より女性の方が腹は据わっていた。それを見越して来輔は、自分の妻であるなかいに機織の技術を習得させ、「勧工場《かんこうば》」を設立する。人間は食っていかねばならない。奉行は、もと旗本の奥方やお姫さまに、機織をさせようというのだ。また、桑の栽培と養蚕については、先進地域の上州《じょうしゅう》（現・群馬県）からわざわざ専門家を招いて、講習会を度々開いている。まずは、食と住――全体としての、帰農への道筋をつけたわけだ。

青少年に関しては、撃剣道場を開いて汗を流させ、将来への士気を鼓舞《こぶ》することを忘れなかった。学校も設け、ここでは来輔が自ら教鞭をとっている。おそらくこの時期、彼は満足な睡眠時間はとっていまい。否、それまでもこれからも、生涯のほとんどにおいて来輔は、眠る時間も惜しまなかったといえる。

なにしろ、時代は恐るべきスピードで動いていた。明治二年六月十七日の、薩摩・長州・土佐・肥前佐賀の四藩からなる「版籍奉還」により、駿河藩は静岡藩と名を変えた。同じ頃、新政府は官員が通称を用いることを禁じ、諱《いみな》（正式の名）を使用するように、と通達を出した。諸藩もこれに倣《なら》う。「来輔」もまずい、ということになったようだ。ここで、名実ともに「前島密」が誕生する。

もっとも、「密」の諱は中央政府で活躍する彼に取って置き、この章ではこれまで通りの「来輔」でつづけたいと思う。

諸藩の行政官＝奉行職もこの時、廃止され、新政府は中央集権化を目指して、地方行政の人材を中央から派遣しようとする。中泉奉行の職を解かれた来輔は、静岡に戻り、改めて「開業万物産掛」に任ぜられた。今日でいう藩立の物産会社を創れということであったようだが、では、何をどのように扱うのか、となると、地元の実状を知らねば売る物品も定まらない。

大隈重信（1838－1922）
国立国会図書館蔵

その調査に着手している最中、新政府の民部省から来輔に出仕の命令が届く（上京して民部省九等出仕を拝命したのは、明治元年十二月二十八日）。

ところが、新政府＝「太政官」の官制は、度々変更されてややこしい。

とりわけこの時期は、「大蔵」と「民部」の二省が、その権限において重なることが多い、と揉めており、やがて明治二年八月、民部省は大蔵省に併合されることになる。が、翌年の七月には再び分離、民部省は独立する（まだ、内務省は誕生していない）。

古くは律令官制の八省の一つで、新政府にあっては中央官庁の一つとなった民部省は、来輔が召命を受けたとき、民部兼大蔵卿を伊予宇和島藩の前藩主・伊達宗城がつとめており、その下で事実上の全権を掌握していたのが大輔《たいふ》の肥前佐賀藩士・大隈重信であった。その下の少輔《しょうゆう》が長州藩士・伊藤博文、大丞《たいじょう》（ナンバー4）が同じく井上馨《かおる》という面々《メンバー》。西郷・大久保・木戸孝允の〝維新の三傑〟は、各省の上に超然と君臨していた。

新政府内で最大の実権力を握る、行政の中枢たる民部省ではあったが、いかんせん、始動すると行政実務のとれる〝構想力〟のある人材が、ほとんどいないことに気がついた。無理もない。明治維新は多分に、書生気質の若者たちが、夢と理想に燃えて跳ね返った結果、誕生したようなもの。そうした彼らに、地道な行政手腕を期待するほうが、どうかしていたであろう。

新政府の官吏の多くは、そもそも旧幕時代に藩吏の経験すら乏しい者が多かった。また、藩吏の経験者も、所詮は地方の一藩の経営に携わってきただけで、国政を運営するという大きな規模の実務には、ついていけなかった。それに比べ旧幕臣は、ついこの前まで天下六十余州において、天領（幕府直轄地）も含め、全国の行政に参画しており、技術《ノウ》・技能《ハウ》をすでに持っていた。

伊藤博文（1841－1909）
国立国会図書館蔵

来輔の〝構想力〟がかかえてきた、新しい国創りに旧幕臣を活用するという、例の課題がようやく、表面化したわけだ。民部大蔵の少丞《しょうじょう》・郷《ごう》純造（実業界で成功する郷誠《せい》之助《のすけ》の父）は、思いあまって旧幕臣の大量採用を、上司の大隈に進言した。

この時、では実験的に、とまず新政府に採

用されたのが渋沢栄一であった。彼が有能であるか否かで、旧幕臣の中央への進出が決まった、といっても過言ではない。

❖若き日の渋沢栄一

天保十一年（一八四〇）二月十三日、渋沢は武蔵国榛沢郡《はんざわごうり》血洗島村《ちあらいじまむら》（現・埼玉県深谷市）の豪農の家に生まれている。彼は旧家の長男坊であった。父・市郎右衛門は篤実勤倹で、この地方の特産物である藍玉《あいだま》（染料）の製造販売と養蚕を兼営。米、麦、野菜の生産も手がける、近在でも屈指の富農で、しかも近隣での信望も厚く、学問もあり、村役人を命じられ、名字帯刀を許されていたという人物。

――渋沢はいわば、恵まれた環境に生まれ育ったといってよい。

六歳になると、当時の武士や豪農層の一般的学問である漢文の素読を、父の市郎右衛門について学んでいる。七歳になると、隣村に住む従兄の尾高惇忠《おだかあつただ》のもとに通い、四書五経や『日本外史』などを学習している。かたわら、剣術を修行したというから、同時代における一般的《オーソドックス》な文武両道を修めたということになろうか。

渋沢は、十四歳で家業を手伝うようになるが、もし、このままの環境で、受動的に歳月を送ったとすれば、豪農の後継者として、生涯を安楽に過ごすことはできたであろうが、日本近代の経済史に名を残すことはなかったろう。まもなく、転機が訪れた。

それも幕府の封建支配に、激しい憎悪を抱くといった形で――。

一説には、十七歳頃のことであったという。渋沢が父の名代《みょうだい》として、村の代官所へ赴いたことがあった。この頃、幕府をはじめ諸藩の台所は、何処も逼迫《ひっぱく》していた。血洗島村の領主・岡部侯も藩庫の赤字に閉口し、領内の豪農に〝御用金〟を申しつけたのだが、はじめての体験である渋沢には、なにか釈然としないものが残ったようだ。

即答を避け、「父に伝え、改めてお受けに参ります」と答えたところ、代官は渋沢を見下《みくだ》し、「百姓の小倅が」と嘲弄したという。腹立ちと口惜しさが、渋沢を襲った。

これまで何不自由ない生活を送ってきただけに、より一層、彼には堪えたようだ。〝御用金〟は正規の年貢（税金）ではないが、有無をいわせない押付けであり、返済されることはなかった。それをなぜ、あのように高圧的な態度で命じるのか。理不尽である。渋沢はこうした怒りを、社会の仕組み＝身分制度に向けていく。

文久三年（一八六三）、彼はおりからの尊王攘夷のブームもあり、同志と語らい、「高崎城を攻略して、横浜を焼き打ちにしよう」

と、とんでもないことを企画・立案した。総勢、わずかに六十数名。

無鉄砲としかいいようのない、計画であった。ときに渋沢は、二十四歳。世間知らずの坊ちゃんが、義憤に燃えて荒唐無稽な事件を惹起《ひきおこ》そうとしたのだが、少なくとも彼は、このとき結婚して間もなくであり、江戸留学も終えた知識人《インテリ》であった。

徳川政権の末期とはいえ、渋沢の暴挙が実家を崩壊させる可能性の、高かった事実も見落としてはなるまい。この無謀な高崎城乗っ取りの企ては、京都における政変により、長州藩が失脚したこともあって、一時中止となる。

だが、渋沢は政治犯となり、幕府の目をのがれて流浪の日々を送らねばならなくなった。この彼に救いの手を差しのべてくれたのが、江戸留学中に面識を得ていた将軍家の家族、御三卿の一・一橋家の用人をつとめる平岡円四郎であった。

彼の世話で、渋沢は正式な武士の仲間入りを果たした。しかも、のちに十五代将軍となる慶喜の、一橋家の家臣となったわけだ。元治元年（一八六四）二月のことである。

一橋家にあって渋沢は、得意の算盤で経理を担当、同家の財政再建に寄与した。

勘定組頭に抜擢された彼は、慶応三年（一八六七）正月、慶喜の実弟・民部大輔昭武《あきたけ》のパリ万国博覧会列席に従い、渡欧出張を命じられる。もし、彼がフランスに行かなければ、と想定するのは無意味かもしれない。なぜならば、人間は生まれながらにして性格を他人とは別にし、育つにしたがってそれを個性的に磨く。そして意識や目的を選ぶことによって、ときに運命をも選択している場合が少なくなかったからだ。運命は必然と、考えるべきかもしれない。その先に関して必要なのが、〝構想力〟であった。

パリへ渡った渋沢は、生まれてはじめて汽車に乗り、パリ市中を散策しては、文明について考えた。なかでも、銀行家が軍人と対等に会話を交わしている場面には、衝撃波《ショックウェーブ》を受けた。己れの十七歳を思い出したに違いない。

当時の日本は、〝士農工商〟の身分格差が厳然としていた。実力はともかく、商人の地位はきわめて低かった。そればかりか、商人の側も卑屈に馴《な》れていたといっていい。

彼は欧州社会における新思潮を身近に体得し、とりわけ、そうした点に注目した。

当時の日本には、「利は義に反する」といった儒教的道徳が定着しており、商業活動そのものを卑しい行為とみなしていた。高度の道徳教養を持ちながら、徳川政権が遂には崩壊したのも、いい換えれば、この儒教道徳のせいであった、といえなくもない。

経済を卑しいと見切ってきた幕府は、「富国強兵」の要である「殖産興業」をないがしろにし、質素倹約と開墾・開拓の奨励、いよいよ追いつめられると、金銀の改鋳し、商人たちから〝御用金〟を巻きあげる程度で凌《しの》ごうとした。

その結果、幕末にいたって欧米列強の脅威にさらされるや、軍備を調《ととの》える巨額の財源にたちまち当惑し、二進《にっち》も三進《さっち》もいかなくなってしまった。そのくせ、幕府も諸藩も、豪商・豪農を頼りながら、その一方で彼らを卑しめることで押さえ込もうとしていた。

フランスへ渡って、ヨーロッパの文明を見聞した渋沢は、これからの日本は、火急の「富国強兵」を実施するにも、産業をおこさなければならないことを痛感した。

まさに、来輔と同じ意識を彼はこの時点で持ったことになる。

「――そのためには、人である」

商人を卑しめる慣習を拭《ぬぐ》い去り、身分制度を撤廃して、経済にたずさわる人々が自信と誇りを持てるようにしなければならない。渋沢は独自に、発想した。

❖渋沢の「道徳経済合一説」

いつの時代でもそうだが、人気のない、社会的認知度の低い業種・職種には、優秀な人材は集まらないものだ。商人の認知度向上には、商人自身が道義を守り、社会的地位を確立する必要があった。つまり、商人を卑しめてきた儒教道徳を、商人自らが身につけて、商人もこのようになり得るのだ、と具体的に実証して見せる以外に、名誉挽回の方法はない、と彼は気づいたのである。

のちに渋沢が熱心に説く、「道徳経済合一説」はつまるところ、こうした経緯を踏まえて生まれたといえる。

右手に『論語』、左手に「算盤」という渋沢の宣伝文句《キャッチフレーズ》も、意味は同じであったろう。

筆者はこの思想が、今日なお、決して新鮮さを失っていない、と考えている。

渋沢は、主君であり将軍となっていた慶喜にこの理想を語りたい、と勢い勇んで帰国したが、当の幕府は、渋沢がパリ滞在中の慶応四年正月、鳥羽・伏見の戦いで官軍に敗れ、次いで江戸を無血開城するに及び、完全に瓦解《がかい》していた。

この年の十一月、帰国した渋沢を待っていたのは、江戸を離れて静岡に移住した旧幕臣たちの姿であった。帰朝後、茫然自失のまま、新政府から静岡藩を与えられた旧幕臣たちに混じって、静岡へ移った彼は勘定組頭となり、まもなく藩と在地商人たちによる「商法会所」を設立する。商業と金融業――これらに拠って静岡藩の財政を確立しようとしたのだが、これが機縁で渋沢は新政府に見出され、出仕することとなる。明治二年（一八六九）十一月のことであった。

彼が入省したのは、「民部」と合併していた時期の大蔵省であった。

入省して渋沢は驚嘆する。当時の大蔵省は、民部を合併しても、それまでの仕組みを踏襲するだけであり、そのうえ不慣れな分、混乱を来《きた》しており、これではとても新政府の役所とはいえなかった。彼はまず、旧制度の改革や新規の局を設けるべく、その調査と検討の部門《セクション》を進言した。大隈重信はこの言を即座に採用し、十一月末には早くも「改正掛」が、合併した民部省の中に創設される。この「改正掛」が、近代日本を担って「文明開化」を具体化して行くことになる。

渋沢はここで、この新設の部署《ポスト》に有能な旧幕臣を入れることを提案した。

一方、大蔵省租税正《そぜいのかみ》としてスタートした渋沢は、かたわら「改正掛」の掛員のなかで首席を占め、事実上の長官となった。そうしたところへ来輔が採用されてくるのだが、ここではその先——それから僅々三ヵ年＝明治五年二月に、大蔵省少輔事務取扱（今日でいう次官級）に昇進した渋沢の、その後を先に見ておきたい。

好事魔多《こうじまおお》し、であろうか。彼は任命されたときの大蔵大輔・井上馨とともに、国家の健全財政を主張したが容れられず、翌六年五月、やむなく三十三歳の若さで、新政府の役職を辞することとなる。

もしも、この辞任劇を迎えることなく、渋沢が大蔵省に残っていれば、井上やのちの松方正義《まさよし》（薩摩藩出身）に伍する財政家として、官界に君臨できたかもしれない。だが、そうなれば彼の抱負＝「道徳経済合一説」は、どのような展開をみせたであろうか。

かくして、渋沢の第二の人生ともいうべき、民間での活躍がはじまる。

明治六年六月、わが国最初の近代銀行と称された、第一国立銀行（現・みずほ銀行＝

旧第一勧業銀行の前身）が設立されると、彼は「総監役」に、つづいて「頭取」に就任。以来、企業立国日本の牽引役として、一役を担うことになる。

ここでいう国立銀行は、前年＝明治五年十一月に制定された、「国立銀行条例」によって設立をみた金融機関のことであり、〝国法によって創られた銀行〟の意。国営・国有のものではなく、あくまでも民間の銀行であった。

また、〝条例〟の制定によって、全国各地に国立銀行創設の気運が高まっていた。ちなみに、明治十二年には早くも百五十三行にのぼる国立銀行が誕生している。

渋沢は第一国立銀行に身を置き、後続の銀行（第十六、第二十、第七十七国立銀行など）の設立に尽力。加えて、創生期の銀行業界をまとめて「択善会《たくぜんかい》」（のちの銀行集会所、現・全国銀行協会）なる団体を設置すると、銀行業務の整備から経営知識の普及、はては業界の品格向上といった面の指導まで、おこなうことになった。

つまり彼が、日本における近代的商工業の形成・育成の中核を担ったのである。

「わが国の近代産業は広く資本を集中し、新しい知識を結集して、有能な人材による経営がなされなければならない」

渋沢は、近代企業を株式会社形態で設立することを強調した。

さらには、銀行が投資する私企業の育成に、自ら先頭に立って、手広くそれらの経営に参画している。

遡《さかのぼ》って明治六年、日本で最初の洋紙製造会社である「抄紙会社《しょうし》」(現・王子ホールディングス)の創立を手はじめに、これまた、本邦初の大阪紡績や三重紡績(のちの東洋紡)、東京海上保険(現・東京海上日動火災保険)、ほかにも大日本人造肥料(のちの日産化学工業)、鉄道会社(現・JR各社)、大日本麦酒(アサヒビール、サッポロビールなどの前身)、日本郵船、東京瓦斯《ガス》(現・東京ガス)、東京製鋼、帝国ホテル、中外商業新報社(のちの日本経済新聞社)、帝国劇場(のちの東宝)など、渋沢が創設したり、経営を援助したりした会社はきわめて多岐にわたっていた。

しかも彼は、かくも多くの企業の創立・経営に関与しながら、決して自身の財を築こうとはせず、のちのちまで三井、三菱、住友、安田といった大財閥を形成することはなかった。この点も渋沢は、来輔とよく似ていた。二人は共に、一生懸命であったといってよい。先進諸外国=欧米列強の圧迫下にあって、「殖産興業」による「富国強兵」こそが、日本の独立を守る唯一の方法だと信じ、その具体化に邁進した。

そうした中にあって渋沢は、自国の近代産業を育成・発展、強化するべく、また、『論語』を徳育の規範として、「道徳経済合一説」を提唱するだけでなく、広く一般にも実践させようと、東京高等商業学校(一橋大学の前身)、岩倉鉄道学校(現・岩倉高校）などの創設・発展にも寄与している。

彼は古希（七十歳）を迎えたのを機に、第一国立銀行および銀行集会所を除き、他の六十余社におよぶ事業会社の役職を辞任。大正五年（一九一六）五月には、金融業界からも引退すると、その後はもっぱら、社会・公共事業に専念したが、なかでも各種の国際親善事業は、自らが先頭に立って推進している。

「日本が末永く生き残っていくためには、国際間の協調が不可欠である」

昭和六年（一九三一）十一月十一日、この一代の偉大な足跡を残した経済人は、九十二歳の生涯を閉じた。

❖周囲は常に、見ている

渋沢栄一の官界登用は成功だった、と見定めた大隈重信は、次々と旧幕臣の逸材を新政府に採用し始める。その中に来輔も含まれたのだが、当時の彼ら旧幕臣を取りまく環境は、なかなかに複雑であった。「逸事録」に次のようなくだりがある。

「当時は、幕臣といへば、世人が皆嫌疑《けんぎ》の眼を以《もっ》て見たものである。仮にも幕府に仕へた者であると云ふと、或《あるい》は（新政府に）二心を抱いて居《お》りはせぬか、（旧幕府の）間諜

ではあるまいか等と、自然人から危《あやぶ》まれたものである。」(『鴻爪痕』所収)

こういう時勢に、大隈は渋沢と来輔を採用し、「明治の新天地を開拓するについて、大蔵省(正しくは民部省)内に取調局(正しくは改正掛)と云ふものが置かれた。今で云へば研究所の如きもので、なんでも勝手に議論をさせたものである」(同上)。

主宰は大隈自らがあたったが、少し立ち止まりながら、この部門《セクション》を詳細に検証してみたい。明治二年(一八六九)十二月二十八日、来輔は民部省に出仕し、改正掛の一員となった。

はっきりいって官位は低いもので、「九等出仕は当時の官制にては奏任を下る二等の卑官たり」と、本人も述べている(「自叙伝」・『鴻爪痕』所収)。静岡藩では来輔は、「上等官吏」であった。それがいかに中央とはいっても、これほどの差をつけられようとは——。すべては、旧幕臣=前政権担当者という立場ゆえのことであった。

内心、来輔も大いに不服であったが、同じ旧幕臣で前後して出仕した杉浦譲《ゆずる》に、「改正掛」とはいかなるものかを質し、その答えを聞いて、まずは、やる気を起こしたようである。では、このとき杉浦は、来輔にどのような説明をしたのであろうか。

改正局《ママ》(改正掛)は民部大蔵両省の間に設置せる一種特別の局にして、長官を置かず、大蔵大輔及び民部少輔、大隈、伊藤の顧問局と見るべき所にして、行政上諸規則改正の按《あん》に就《つ》き（事情を丁寧に取り調べ）其《その》各員の意見を問ひ、或《あるい》は立案せしむる官衙《かんが》なり。故《ゆえ》に局員に一定の常務無く、随時其《その》能力を以《もっ》て事に当るなり。（「自叙伝」・『鴻爪痕』所収）

しかも来輔を説得した杉浦は、このとき十等出仕であった（十一等とも）。この人物は、良質・有能ということでいえば、旧幕臣の中でも屈指の名官吏であったといえる。

――ここで、〝構想力〟を発揮するうえで、述べていなかった側面について触れたい。

人生にはいかに努力しても、うまくいかない局面はある。身動きのとれない膠着《こうちゃく》状態や行き詰り、袋小路に迷い込むことも。待ちに徹することについては、すでに触れたが、そのとき大切なことに、その逆境を周囲の人々（敵も味方も）はしっかり、見ているということを忘れてはならない。

極端な話、勝負に負けたとしても、周囲はその負け方を注視している。敗北した人物が、次の〝構想力〟の成否を問われるのは、この時なのである。手強いやつだった、次は勝つかもしれない、もし相手をすることになったら、こちらが負けそうだ、という重圧《プレッシャー》を勝者や周囲に与えなければならない。

来輔は、この種の広告戦略《イメージ》にも優れていた。

幕末、論争を仕掛け、あるいは説得に行った先で、彼と対峙した人々は皆、来輔の重圧を受けた。そのことがこの先、どれほど彼に幸いしたかしれない。詳しくは次章でみるが、旧幕臣の大半が、官吏として良質・有能であった印象も、見直してみれば二百六十五年の江戸時代が積み上げてきた実績がものいった、といえなくもない。

彼ら幕臣は、財政破綻のため新しい時代の主導権《イニシアチブ》は握れなかったが、国家そのものを動かす方法《システム》については熟知しており、優れてもいた。

その具現化した代表が、あるいは杉浦譲《ゆずる》といえるかもしれない。

ついでながら、古代中国において、公務につく人のことを「士《し》」と呼んだ。『論語』「泰伯《たいはく》」に、次のようにある。

「士は以《もっ》て弘毅《こうき》ならざるべからず、任重《にんおも》くして道遠《みちとお》し」(士たる者は、度量はあくまでも広くなければならないし、意志はどこまでも強固でなければならない。仁道に徹さねばならず、その任務はどこまでも重い。その前途ははるかである。それを覚悟し、使命感に徹しなければ、そのつとめをまっとうすることはできない)

これは孔子の神髄を後世に伝え、〝宗聖〟とも尊称された孔子の高弟・曾子《そうし》(曾参《そうしん》)の言葉だが、彼は「士」について、

「死《し》して後《のち》に已《や》む」（死んではじめて、そのつとめが終わる。死ぬまでは、自分のなすべきことに精進しなければならない、それが人間というものだ）

と語っていた。

日本においても、この「士」についての教えは、江戸時代まで厳粛に守られており、人間として良質な者が公務につく。これが原則であり、その場合の基準が儒学の出来、不出来であったといえる。

杉浦はその短い生涯を公務に捧げ、人知れずそれに殉じた一人の「士」であり、〝公僕〟であった。今はもう、その名を知る人も少ない。だが、この人物がいなければ、よほど幕末明治の日本人は困惑したに違いない。そういう、存在であった。

❖公務に生涯を捧げた男・杉浦譲

徳川幕府の治世で、杉浦は愛蔵と称し、字《あざな》を子基《しき》と名乗った。明治に入ってから諱を「譲《ゆずる》」と定めている。幕末、天保六年（一八三五）九月に、甲斐国山梨郡甲府西青沼《にしあおぬま》（現・山梨県甲府市）に徳川幕府の甲府勤番支配下の同心《どうしん》の子として、彼は生まれていた。父・七郎右衛門は、ときに三十四歳。

甲府は天領であったが、江戸時代は総じて、素行不良の旗本・御家人が、甲府勤番を命ぜられることが、なかば制度化されていた。これを〝山流し〟と称している。

一般に、江戸に住む幕臣からは忌《い》み嫌《きら》われた甲府の地にあって、多くの同心が覇気を持たず、日々の生活に無気力なまま流されている中にあって、杉浦は懸命に学問の世界に突き進んだ。未知なるものを知るということが、好きで好きで仕方がなかったようだ。

この点、のちに盟友となる来輔こと前島密と、変わるところがない。

甲府の儒者・堀田浩斎《こうさい》に十歳で師事し、翌年、甲府城下にあった官学昌平黌の分校「徽典館《きてんかん》」に入学した。ここに入れば、多少は生活の糧《かて》が得られる。

時代はまだ、幕末の本格的な動乱には遭遇していない。いかに学問ができても、それで同心の小倅の人生が、一変するというものではなかった。だが、それでも家族は杉浦の学才に、かすかな望みをかけていた。出世はできなかったが、十八歳にして彼は漢学の私塾を開いている。また、「徽典館」の教授方手伝ともなった。

この多忙な学問の一方で、杉浦は田宮流居合術を修め、自らの道場も構えている。

天下泰平の世の中で、文武に懸命となる杉浦を、甲府勤番の幕臣たちは、なにか別世界の生きものでもながめるように見ていたが、やがてこの苦学両道が杉浦の前途を開くことになる。人間、ものをいうのは日頃の学習・鍛錬である。来輔の学問もそうであったが、いざ鎌倉となって慌てても、およそ付け焼刃はものの役には立たない。

やって来たのは、駿府目付の池田内記《ないき》であり、彼がもたらしたのが「時勢策」(時局対応の処方) としての、「泰平の時、練兵の法如何《いかん》」という課題であった。

文武を修めた杉浦は、身分に関係なく能力第一で人を選択し、その教練に努めるとともに、世界の軍備を実際に学び、わが国自らがそれらを造れるようにならねばならない、と述べ、「用兵航海の術」は外国へ留学して修めるべきだ、とも主張した。

いつしか時代は、幕末動乱期に入る。嘉永六年（一八五三）六月、ペリー艦隊が日本へ来たとき、杉浦は十九歳となっていた。それでも彼の生活は、別段、飛躍しない。

万延元年（一八六〇）、二十六歳で町方同心の見習《みならい》を命じられ、父祖同様、同心への第一歩をしるしている。この年、一度、結婚したものの、その妻は翌年、「不相応ニ付キ」と離縁となった。この間の事情は、よくわかっていない。

ただ、妻を持たなくなった杉浦に、新設された「外国奉行支配書物御聞出役《しょもつおんききだしやく》」への辞令が届く。皮肉なものだ。二十六年間住みなれた甲府をあとにして、江戸入りした彼はしかたなく、妹の筆を呼び、家事を頼んでいる。なお、この筆はのちに、福沢諭吉の友人で蘭方医の高橋順益《じゅんえき》の妻となった。

かつて杉浦の説いた留学が、幕府でもおこなわれることになり、前出の榎本釜次郎

（武揚）や、西周助（周《あまね》）など九名がオランダへ留学した。杉浦自身はこの選《せん》から漏れたが、それに腐ることなく、外国語の習得、国際情勢の勉強を積んでいく。

そうした中、第二回渡欧使節団（正使・池田筑後守《ちくごのかみ》）が派遣されることが決まる。杉浦は当然、これを予測していたであろう。彼にも〝構想力〟は備わっていた。その随員に選ばれ、身分も外国奉行支配定役《じょうやく》に昇進。切米五十俵、三人扶持《ぶち》となる。

「古来スフィンクスの付近を通過した者は無数にあるが、陣笠のサムライが通ったのは空前にして絶後であろう」

使節団の一員で、組頭をつとめた田辺太一の娘婿《むすめむこ》・三宅雪嶺《せつれい》は述べている。

花の都・パリに到着したとき、杉浦は三十歳になっていた。ヨーロッパでは、見るもの聞くもの、ことごとくに文化的落差《カルチャーショック》の衝撃を受けたようだ。このあたりは、先にみた渋沢も同じであったろう。加えて、国力の違い、ヨーロッパがいかに極東の島国・日本を見下げているか、外交交渉のやりとりはそのことを遺憾なく伝えた。

「国家のことを考える男子でありたい」

と、自らの欧州日記『奉使日記』の中で認《したた》めた杉浦は、ベルサイユ宮殿、コルシカ島を見学して、なぜ、日本にはナポレオンのような英雄が現れないのか、と嘆いている。

この人物の美点は、自らがナポレオンになろうなどとは夢想せず、自身はその英雄を支える人間になりたい、と考えていたところにあった。これが、彼の〝構想力〟の方向性といえる。帰国した杉浦は、京都へ徒目付《かち》として赴任することになるが、その準備をしていると、今度は外国奉行支配調役並《しらべやくなみ》の辞令が来る。

慶応二年（一八六六）十一月、来年五月にパリで開催される第五回万国博覧会に、幕府も参加してはどうか、との勧誘がもたらされ、幕閣は十五代将軍・徳川慶喜の実弟である徳川昭武《あきたけ》を、代表とする使節団の派遣を決定した。このとき、調役に進んでいた杉浦は随員を命じられる。

つまり彼は、ここで渋沢と行動をともにしていたわけだ。のちの新政府に、渋沢の推薦で出仕する糸口が、この時点で開けたともいえる。杉浦が帰国したのは、慶応三年十月十六日のこと。すでに再婚をしていた彼は、留守中に生まれた長男・燾太郎《とうたろう》をひしと抱きしめたという。

❖杉浦譲の知られざる功績

この二度目のヨーロッパ行きは、前回とは異なり、余裕を持って多くのことを学ぶことができた、と杉浦は日記で述べている。

近代国家の基盤となる政治・経済とは、いかなるものか。資本主義体制下の国家運営、製糸場、駅制《えきせい》（駅伝制度）、報道・新聞関係などの具体例を、彼は一つ一つ実地に見聞することで知識を蓄《たくわ》えていった。

だが、帰国した時、すでに幕府は大政を奉還しており、十二月には王政復古の大号令が出され、年が明けるとともに鳥羽・伏見の戦いが勃発した。外国奉行支配組頭（後世でいえば、外務省条約課長）に昇進した杉浦は、ときに三十四歳。

なんらなすこともなく〝ご一新〟は進み、彼は駿河《するが》・遠江《とおとうみ》・陸奥《むつ》のうちに七十万石を定められた駿河藩＝徳川宗家の家臣となった。静岡へ移住した杉浦は、学問所で講義をする昔の仕事に戻る。

だが、〝新知識〟を必要とする明治政府は、この善良で温厚、博識な人物を、そっとしてはおかなかった。民部省へ渋沢栄一が出仕するように、と命じられたのにつづき、来輔、赤松則良《のりよし》、箕作麟祥《みつくりりんしょう》らとともに、杉浦も登用されることになる。

旧制度を改め、新制度を創るための「改正掛」に参画を求められたのだが、租税制、駅逓《えきてい》の方策、度量衡の統一、貨幣制度、禄制《ろくせい》の改革、戸籍編成、あるいは電信・鉄道などについて、「改正掛」はことごとくを調べ、考え、改めねばならなかった。

にもかかわらず、仕事の質量における難しさ、際《きわ》どさと、身分が釣り合わない。旧幕臣出身者たちの扱われ方は惨《みじ》めであった。

さしもの来輔ですら、愚痴《ぐち》って辞《や》めようとしたほどであるが、杉浦は違った。懸命に来輔を引き止め、誰かがこれをやらねば、その分だけ日本の近代化は遅れる。選ばれた者は寝食を忘れ、何が何でもやり抜かねばならない、と懸命に説いた。

仕事＝公務は、出世の道具ではない。すべては、国民のためではないか。杉浦は己れに与えられた責務を、ただ黙々とこなした。これからみていくが、来輔を助けて郵便事業を立ち上げた手腕には、目も覚めるような素晴らしいものがあった。

すでに触れたように、江戸時代、飛脚しか知らなかった人々にとって、全国一律に郵便を運ぶという事業は、画期的なことであり、物品が全国津々《つつ》浦々《うらうら》に届けられれば、閉鎖的な地域社会、封建的な区分は崩れていき、中央集権化も具現化する。

情報の均質化、物価の平均化、物資の流通を広げることによって起こる市場の拡大など――その恩恵は、はかりしれない。だが、それだけに抵抗も凄まじいものがあった。

鉄道借款問題処理のため、イギリスへ行くことになった来輔の後任として、ときの改正掛主任の杉浦が駅逓権正《えきていごんのかみ》（ごんのせい、とも）に任ぜられた（のち地理権正も兼任）。

郵便切手の発行、飛脚問屋への対策。新しく何かをなすときは、かならず旧《ふる》い何かを敵にまわさねばならず、それは習慣や風俗であることもあれば、ときに生活権をともなう生身の人間であることもあった。

来輔から創業案を引き継いだ杉浦は、文字通り寝食を忘れ、具体的に出てくる難問を一つ一つ着実に解決し、明治四年（一八七一）三月一日（新暦では四月二十日）、ついに新式郵便の開始に漕《こ》ぎつけた。詳しくは次章でみるが、この大成は一面、杉浦譲の人格・識見・手腕の賜物《たまもの》でもあった。

以後、四月二十日は「逓信記念日」に制定され、昭和四十六年（一九七一）には「郵便創業百年記念日」を大々的に迎えることにつながる。郵便事業を成功させた杉浦は、在任一年二ヵ月でその職を解かれたが、すぐにまた太政官に招致されて、今度は大蔵省に赴き、さらには正院へ。その後の彼についても、触れておきたい。

杉浦はわが国最初の官営模範工場である富岡製糸場の創立にも参画しており、政府機構の改革においても実務をとった。秩禄《ちつろく》処分、徴兵令、学制の施行、司法制度の改革など、近代日本に不可欠な事業が断行され、杉浦は戸籍法の制定、芸娼妓《げいしょうぎ》の解放などに、自らの手腕を発揮している。

右大臣の岩倉具視を全権大使としての、欧米使節団が編成されると、杉浦は日本にとどまり、その使節団の事務局を兼任した。この時、彼は日本の命運のすべてを、その手に握っていたといえなくもない。

こうした激務は当然のごとく、この人物から自慢の健康を奪った。文武をきわめた杉浦が、明治五年の秋に病気で一ヵ月ばかり自宅療養している。しかし、その間も彼は心底、休養をとることなど思いもよらず、建白書をしたため、自宅から仕事上の指図《さしず》を出しつづけた。仕事は、公務以外にもあった。

東京日日新聞の創刊にも彼はかかわり、国内の啓蒙と情報の開示、伝播を懸命に図ってもいた。もし杉浦がいなければ、東京日日新聞は発行の免許を交付されることがなかったかもしれない。

明治七年一月、ときの内務省を率いる大久保利通は、杉浦を「内務大丞」に抜擢、地理頭兼戸籍頭に任じた。盲唖《もうあ》教育にも協力し、官有林の巡視もおこたらず、働き詰めた彼はついに、明治十年八月二十二日、今でいう過労死を遂げる。戦死、殉職といった言葉の方が、色合い《ニュアンス》は近い。ときに杉浦は、四十三歳であった。

その若すぎる死に、官野の心ある人々は、ただただ涙したという。

❖新政府の急務で作成された『鉄道憶測』

――とにかく、「改正掛」は風変わり《ユニーク》な存在であった。

その会議には、大隈重信や伊藤博文も出席するかと思えば、ときには〝卿〟の伊達宗城までもが姿を見せた。話し合いは階級を隔てた建て前上のものではなく、どこまでもざっくばらん（あけすけ）で、参加者は皆、本音で向き合うことができた。

それだけ、新政府が焦っていた、ということになるかもしれない。

この頃、新政府の中で、急務となっていた大きな課題が、通信及び交通機関の整備・発展であった。旧幕時代、すでにみてきたように飛脚はあった。だが、これらには身分によって、場所によって、幾つもの制約があり、経済的にもその日暮らしの庶民が、使えるようなものではなかった。

まして徳川幕府のご威光がしぼんでしまうと、一応は形を成していた「伝馬《でんま》」「助郷《すけごう》」といった制度も綻《ほころ》びを生じ、うまく作動しなくなってしまう。

加えて海上の運輸も、江戸時代に発達した本州沿海をめぐる東廻と西廻（北前船）や、江戸と上方をつなぐ「菱垣《ひがき》廻船」は存続していたものの、そのいずれもが、もはや時代遅れとなった船脚の遅い、和船ばかりを使用していた。

新政府では外国から蒸気船を購入し、旧来の和船をこれに替えるべく、廻船問屋や運送問屋などに命じて、回漕《かいそう》会社を設立するよう指導したが、回漕会社はそもそも資本力が弱く、東京―大阪間の定期便を一ヵ月にたった三回、就航するのがやっと、という現状であった。

新政府の高官たちは、確かに焦っていた。〝ご一新〟の高邁な理想で出発《スタート》した明治政府でありながら、むしろ農民たちの生活は旧幕時代に比べて劣悪となっている。彼らは誕生したばかりの国家に、圧迫されていた。

一面、無理はなかった。なにしろ、何一つ近代産業を持たない日本は、新式の機械を一つ買うにも、極端にいえば税金を引き上げるしか方法がなかった。このままでは天下の不平・不満が、やがては新政府を覆《くつがえ》すかもしれない。何とか、新しい御世《みよ》になってよかった、と万民がつくづく実感してくれるような、具体的な成果を示さねばならなかった。

それには欧米先進国にすでに存在する、郵便をはじめ蒸気で走る鉄道、蒸気船による安定多便の高速航路。さらには、中央と遠距離地を結ぶ電信など、〝文明開化〟の成果を急ぎ、導入する必要があったのだ。

中央集権化＝一君万民ということでいえば、何処に住む人々も等しく同じ情報を入手し、物価の高低に苦しめられることなく、豊かな生活のできる時間の共有化――そのためには、近代の通信と交通機関の整備であった。なかでも、電信と鉄道が最優先の課題となっていた。

電信については、ときの神奈川県知事・寺島宗則《むねのり》が先鞭《せんべん》をつける。

薩摩藩出身の寺島は、かつての名を松木弘庵《まつきこうあん》といい、伊東玄朴の私塾の塾長をつとめた頃、上野房五郎時代の前島と親しく交わった人物である。その後、薩英戦争では五代才助《さいすけ》（のちの友厚《ともあつ》）とともに、あえてイギリス側の捕虜となり、釈放されてからは一時、逃亡・亡命・潜伏期間をおいて、藩の許しを得て、渡英した。

慶応二年（一八六六）七月に、名前を改めている。〝新知識〟の寺島は、イギリスから機械と技師を呼び、明治二年（一八六九）十二月二十五日には東京の築地と横浜の間に、早くも電信を開通させている。鉄道も急ピッチで企画・立案されたものの、肝心かなめの財源がない。これを欧米列強に借りるとしても、返す目算、すなわち営業上の収支が皆目しれなかった。

事実上、東京―横浜間の鉄道建設を一任されたに等しい大隈と伊藤ではあったが、この二人にはそうした収支の計算など、できるはずもなかった。なにしろ鉄道事業そのものが、未知のものであり、さっぱり見当がつかなかったのだから無理もない。

日本で鉄道を造《つく》るに付いて、凡《およ》そどの位《くらい》金が掛《かか》るだらうかと云ふ話が起った時、誰にも夫《そ》れが分らない。そこで吾輩（大隈）は前島（来輔）君に、君一つ積って見て呉《く》れと言ふと、前島君は宜しい、やって見ませうと言ったが、之《これ》も実は知識はない。
（『追懐録・『鴻瓜痕』所収）

来輔はハッタリで、草案を書きあげた。さすがに、「予算」と呼べる代物《しろもの》ではない。そこで正直に、『鉄道憶測《おくそく》』と題をつけた。実にやっつけの、それでいて懸命な仕事ではあったが、上司の大隈は怯《ひる》まず逃げずに、この根拠にとぼしい草案をもって、体当たりで実現にむけてがんばった。

併《しか》しながら色々研究して書出《かきだ》されたものを見ると、二千万円と云ふのだ。〈中略〉之《これ》を鉄道憶測と名付けた。然《しか》るに之《こ》れを外国人などに見せた所が、決してさう杜撰《ずさん》なものではない。〈中略〉何にも知らぬ素人が〈中略〉膝栗毛（徒歩）で東海道を歩いただけだ。夫れがこれだけのものを造のは偉いと言って外国人も敬服した。（同上）

大隈は来輔を評価した。改正掛のまま、彼を租税権正《ごんのかみ》（七等）に昇進させた。ようやく、来輔は奏任官となる。このあたりから、来輔を前島密に改めよう。活躍の規模《スケール》が隔絶してくるからである。

次に彼を待ちうけていたのは、国家の歳入を確定するという、これまた未曾有の難問であった。幕藩時代、納税は統一されたものではなかった。幕府の天領、大名家によって、税率は異なっていた。まず、この税の不平等を正さねばならない。試行錯誤をかさねた末、前島密はこれまでの米納を金納に改めることにした。

今からふり返れば、当たり前のように思える事物も、三百年近い鎖国から解き放たれ、いきなり近代の国際社会の中に投げ出された日本にとっては、一つ一つが〝コロンブスの卵〟でありつづけた。

欧米諸国ではほとんどのものが、昔からすでに実施されていたことも知れる。

「日本は遅れている——」

前島は日々の激務の中で、このことのみを思った。

第四章

次世代へつなぐ〝構想力〟

前島密が実践した明治維新

❖四面楚歌《しめんそか》の中、駅逓権正《えきていごんのかみ》に就任

前島密の作成した『鉄道憶測』に基づいて、政府は鉄道敷設を決定した。その建設費の借入を巡《めぐ》って一波乱あるのだが、その前に、明らかにしておきたいことがある。当時の、日本の実相、政府の実体といえようか。政府＝太政《だじょう》官には、とりどりの権力が存在したが、各部門《セクション》ともに協調性を極端に欠き、縄張り根性《セクショナリズム》が幅をきかせていた。

たとえば鉄道建設の基本合意は、明治二年（一八六九）十月の時点でなされた。が、はやくも二ヵ月後、「弾正台《だんじょうだい》」から反対の建白書が政府に提出されている。この「弾正台」という官職は、旧幕時代ならばさしずめ「大目付《おおめつけ》・目付」に相当したであろうか。のちにみれば、「検察・裁判所」ということになる。「弾正台」はいう。

「姦民黠吏《かんみんかつり》（悪がしこい官吏）を欺《あざむ》き、黠吏《かつり》朝廷を欺き奉るには有之間敷候哉《きつとこれあるまじくそうろう》」

この場合、「黠吏」は具体的には「改正掛」を指した。

鉄道に反対する人々は、この事業を「不急の大工事」——急ぐほどのものではない、と捉《とら》えている。止《や》めさせるために「弾正台」では、秘密裏に外国にまで探索の手を伸ばし、大隈たちの不正の証拠を探った。残念ながら、そのようなものは出てこない。

しかし、反対派の意気は決して衰えなかった。なぜか。新政府最大の功労者である薩摩藩出身の西郷隆盛が、鉄道敷設を喜ばなかったからだ。

おりから反対派の西郷は、ときの大納言・岩倉具視に対して、

「開国の道は早く立てきことなれども、外国の盛大を徒《いたず》らに羨《うらや》み、国力を省《かえり》みず、漫《みだ》りに事を急に起こさば、終《つい》に本体を疲《つか》らし立行《たちゆ》くべからざるに至《いた》らんか。この際、蒸気仕掛鉄道興作（敷設）の儀、一切廃止し、根本を固くし、兵勢を充実するの道を勤むべし」

といい切っている。さしもの西郷も、見聞したことのないもの、体験したことのない乗り物については、理解のしようがなかったようだ。

だが、ほぼ同時期のヨーロッパで勃発した普仏戦争（明治三年七月十九日開戦）では、世界一の陸軍国を標榜《ひょうぼう》していたフランスが、名もなきヨーロッパの三等国プロイセンに大敗を喫《きっ》するという、空想すらできなかった顚末《てんまつ》を辿《たど》っていた。

プロイセンの勝利は、一《いつ》にモルトケという一人の天才的参謀が出現したことによるが、明治日本の陸軍もやがて、頭《こうべ》を垂れてこの人物の編み出した戦法を学ぶことになる。

ここで注目すべきは、モルトケ戦法の要《かなめ》であった。普仏戦争の成否を分けたのは、兵力を鉄道輸送で迅速集中できたことに拠った。

換言すれば、鉄道がプロイセンをしてフランスに勝たしめたのだが、遠い極東の国で

はまだ、この文明の利器の凄まじさに、ほとんどの人間が気づいておらず、西郷の反対は絶大な強みとなって、推進派を四面楚歌に陥らせていたといえる。

岩倉を加えた、三条実美、木戸孝允、大久保利通ら事実上の政府主宰者たち＝〝元勲〟も、積極的には反対しないものの、鉄道がよくわからないために、いわば消極的中立といった立場をとっていた。

また、地主や旧街道の旅籠、車曳《くるまひき》などは、入れ知恵する者もいて、鉄道の開通は自分たちの「死活問題になる」と騒ぎ出すありさま。あまりの囂々《ごうごう》たる非難に、推進派の井上馨や渋沢栄一など、大隈の同志たちも徐々にブレーキを踏みはじめる。

「保守主義者の耳目《じもく》を聳動《しょうどう》する（恐れさせ、動揺させる）ようなことをやり、その暴力的言論のために、他のすでに着手しつつある改革、実行しつつある事業まで、失敗を招くようなことがあっては国家の一大事です。どうでしょう、ここは一つ、もう少し緩《ゆる》やかに……」

と、彼らも大隈に説き始めた。

けれども、改革の総本山・民部と大蔵を預かる大隈は、己れの信じるところを頑《がん》として曲げなかった。前島は己れの〝構想力〟もあり、こうした上司を支持しつづけている。

己れ自身をも励ますように、前島は大隈に語った。

「開国文明政策を、世に明らかにすることこそが、新政府の使命であります」

と。大隈は〝元勲〟たちを懸命に説き、進んで反対派の人々とも会合を持ち、自説を自信たっぷりに語りつづけた。外見、剛毅《ごうき》とみえる彼だが、その内心では、周囲からの厳しい声に気を揉んでいた節《ふし》もあったようだ。

大隈は自らの置かれている、四面楚歌を十二分に理解していた。そのうえで、反対派を圧するためにも、文明開化の速度を一層あげるべきだ、と判断した。

「成敗利鈍《りどん》（幸運と不運）は天運のまゝのみ、敢《あえ》て顧みる所にあらず。此《こ》の大事業の成るか敗るゝか、是《これ》を以《もっ》て余等（大隈ら）が已《すで》に着手し実行しつゝある凡《すべ》ての『進歩的事業』『進歩的改革』の成敗を卜《ぼく》せんのみ」（『大隈伯昔日譚』）

鉄道敷設の成否が、すべての政府の事業、改革の政府も卜《うらな》っている、とまで大隈はこの事業を重要視していた。

ところが、この実に厳しい状況の矢面《やおもて》に立たされている最中、盟友と頼んだ伊藤博文は、巧《たく》みに逃避をしはじめる。この男はいつも、ここ一番で逃げた。直接の衝突を嫌がり、誰かを矢面に立たせたまま、するりと表舞台から身をかわして、舞台袖《ステージ》へ逃げ隠れし、情勢が安定するのを見定めて、いつしか再び舞台《ステージ》の中央に戻ってくる。

この時期も、やがて前島をも巻き込む明治十四年の大政変においても、伊藤は大隈ひとりを死地に陥れ、己れの保身をはかって変節した。

前島はこれまでもそうであったように、決して逆境にあっても逃げなかった。〝構想力〟あればこそだが、このおりも大隈の態度に感激し、己れも共に倒れるつもりで、この上司を支えつづけた。そのことがやがて、前島を官界から追うことになるのだが……。

「――因《よっ》て伊藤も去れり。是《ここ》に於《おい》て、余（大隈）は真箇《しんこ》に独力孤拳を以《もっ》て、〈中略〉内外の反抗と戦《たたか》はざるを得ぬことゝなれり。虎穴に入らずんば虎児を獲《え》ず、艱難《かんなん》に遇《あ》はずんば大業は成らず、〈中略〉豈《あ》に更《さら》に感奮一番する一所《いっしょ》（心を奮い立たせ、決意も新たに取りくむ）ならんや」（同上）

前島は卓越した〝構想力〟を持ちながら、官位が低かったため、大隈と同じ廟議《びょうぎ》に出席して、彼を援護することができなかった。しかし、苦境にあっても逃げず、何事にも前向きに挑戦する部下を、当然のごとく大隈は買っていた。

明治三年五月十日付で、前島は租税権正のまま駅逓権正を兼任することとなる。

❖〝構想力〟による郵政革命

この時、「駅逓司《えきていし》」（のちの逓信省、郵政省　現・日本郵政グループ）では、長官の

郵便創業当時の駅逓司　「駅逓司と四日市郵便役所」郵政博物館蔵

「正」が欠員であった。そのため前島は、事実上の長官として腕を振るうことになる。

ここは旧幕以来の伝馬や助郷、駅路、官員旅行のことなどから、官用の信書、物品の伝送などを司《つかさど》るのが職制。どちらかといえば地味な役所で、官僚として成功し、元勲の次の時代に政治家として国政を動かしたい、と考える野心家にとっては、敬遠されがちな部署でもあった。

現に、駅逓の制度改革――焦眉《しょうび》の急《きゅう》は、駅逓の制度改革の中の難問＝これまで通信や運輸を独占してきた「飛脚屋」をどうするか、にあった。野心家の官僚にとっては、眼中にない主題《テーマ》であったろう。考えるまでもなかった。方法論は二択か。

——国営として別個のものを創るか、民営としてこれまで通り「飛脚屋」を使っていくか。

官界の大勢《たいせい》は、民営に傾いていた。

なぜならば、新政府はスタート以来、財政難で頭をかかえており、国営によってまた、新たに年々、多額の経費を支出しなければならない事態は、何としても避けたい、というのが本音であった。国営の長所を考える以前の問題であったわけだ。

加えて、「飛脚屋」という職業を、江戸時代からひきずる卑賤《ひせん》なものと見下げる武士階層が、新政府内の大半を占めており、

「何も官業に引きあげてまで、やる必要はあるまいよ」

と蔑《さげす》むようにいう風潮が圧倒的であった。

前島も気分としては、「飛脚屋」をいささか軽視していた。

ところが、のちの日本郵政全般にとって、大きくは近代日本を一変させたともいえる前島の、革命的な〝新式郵便〟の開始《スタート》は、ほかの官僚ならばおそらく見落としてしまったに違いないこと——が発端《ほったん》で、一気に前進し、国営となった。これこそが〝構想力〟の賜物なのだが、その真相は〝事実は小説より奇なり〟の形で現れた。

運命の日は、明治三年（一八七〇）五月十三日、と後世に宛てて、さりげなく記録さ

れている。

この日、前島は一通の廻議書を検閲した。それは明治政府が京都―東京間を往復させた公用文書について、飛脚屋に支払うことを命じた運送費が書かれたものであった。

「一ヵ月に一千五百両（円）か、それにしてもずいぶん高いなァ……」

もしこれが、ほかの高給取りの官僚であれば、江戸時代からつづく習慣化した飛脚代金に、別段、注意を払わなかったであろう。

この当時、東京―京都間の信書は、三日ないし三日半で届くように、と一便を仕立てるたびに三十五両を要した。この特別便を「仕立便《したてびん》」（早飛脚）といった。人夫賃として二十三両のほか、夜間や途中で強盗に信書を奪われないように、とその〝賊難〟を防ぐために人数を二人としたため、追加として十二両が加えられた。一ヵ月で一千二百両余り。これに東京―大阪間の信書三百両が加えられて、合計一千五百両となった。

ここで前島はふと、租税司（租税の賦課徴収などを司《つかさ》どった租税寮の前身）に大きな長持《ながもち》が多数、積まれているのを目にした光景を思い出す。中身は何か、と尋ねると、全国各地から提出された納税帳が入っているという。実際に箱を開けてみると、ぶ厚い紙を使用した、豪華な納税帳が出てきた。

まことに贅沢《ぜいたく》の極みであり、かさばり、いざという時に間に合わない無用の長物――

簡単な表装、書式を変えれば、おそらく一箇の行李《こうり》に入るはずだ。あのおり前島は、すぐさま具体的な書式変更案を作成し、大隈へ進言した。一説に大隈が、

「この男ならやれる」

と、懸案の駅逓制度の改革に、前島をあてようと考えたのは、この時であったとか。

彼のやり方＝〝構想力〟は、まず全体像を描く。目的は何か。最短距離で到達できる方法を考え、逆算するように、そのための仕組みを創っていく。

たとえば、駅の階段を下から上に登るとする。多くの人は、一段ずつ足を上げていくのだろうが、前島は違う。まず上を見た。全体を見て、「さて何段、階段はあるのか」をざっと摑み、現在時刻、目的地への到達時間、その後の予定などを考えた。

そのうえで、急がねばならないとなれば、いきなり二、三段ずつ飛ばして登った。これが彼一流の、やり方であったといえる。もしも、郵政の長＝駅逓権正に前島が就くことがなければ、日本の郵便事業は非効率的で、時間のかかる――それこそ日清戦争にすら、間に合っていなかったに相違ない。

一ヵ月に一千五百両――この代価《コスト》の高さに気づいた瞬間、彼は水を得た魚のように活き活きと〝構想力〟を発揮しはじめる。年間にして、一万八千両也。これだけの費用を使うならば、東京から京都を経て大阪まで、毎日一定の時刻に飛脚を差し立てられるの

ではないか。ここで前島らしいのは、部分に囚《とら》われず、全体を広く見た点であった。

公用文書のみならず、一般庶民の通信も取り扱えば、さらに利便性は増し、経費も押えられて利益が大きくなるのではないか。そのうえ、飛脚は独自にコースを選定しており、届けに行かない地域も決して少なくはなかった。

一般の場合、速達にあたる「早便」は、東京―大阪間で七、八日を要し、賃銭四、五百文。並便では半月かかって二、三百文が必要であった。

しかし、新しい方法《システム》では例外を設けず、途中の沿道の人々にも大いに利用してもらえばいい。これらの収入が一ヵ月で一千五百両得られれば、その代価はそのまま通信線路のさらなる拡張に使える。結果、配達できない地域は減っていく。

これを毎月転用していけば、通信線路を全国の隅々まで広げることができるのではないか。政府は財政難から支出を極力押えようとしている。だが、飛脚屋への支払いは必要不可欠。この費用を、そのまま使えば……。

前島は己れの思いつき《アイディア》を、すぐさま「改正掛」に諮《はか》った。なかには旧態依然と、

「政府たるものが、飛脚屋の仕事を横取りするとは何ごとか、怪しからぬ」

と息巻く者もあったが、大隈は前島を信任しているだけに、全面的支援にまわった。

❖「事に臨むに三つの難《かた》きあり」

特別に予算を計上しなくてもよい、とする前島の構想は一面、表立っての反対を抑えるのに好都合でもあった。まず、「改正掛」では玉乃世履《たまのせいり》が賛成してくれ、これに渋沢栄一がつづいてくれた。

玉乃は岩国藩士の出。儒学者であったが、後世に〝日本のケインズ〟と呼ばれた財経家の山田方谷《ほうこく》に学んだ経歴もあり、この頃、民部少丞兼大蔵少丞をつとめていた。

いつも奥歯を噛みしめているような容貌で、あごのあたりに拳固のような緊張感が終始あり、そのくせ対人的には言葉数《かず》が少なかった。その人物が、「これはよい」といってくれたのである。のちに玉乃は〝今大岡（越前）〟と呼ばれて、裁判官として名声を博すこととなるが、明治十九年（一八八六）に、どうしたことがふいに、自殺を遂《と》げてしまう。享年は六十二。

やがて、郵便創設に関する「太政官への稟議書」が、前島の手で書きあがる。

信書を快敏に往復せしむるは、百般の景況声息《けいきょうせいそく》（世の中の便り）を通じ、百貨平準

（すべての品物を均一に扱うこと）の路《みち》を疎《そ》し（開通させること）、実に治国の重件、交際の要事《ようじ》（大切な事がら）に候処《そうろうところ》、是迄此《これまでこ》れを商家に委《ゆだね》候より、未《いま》だ百里に満たざるの地も十数日の久しきを経ざれば、尋常之《これ》を達する能《あた》はず。或《あるい》は速かに達するもの、一片の音書（音信）に多分の金を費し、僻陬《へきすう》辺境（へんぴな最果ての地）に至りては、殆《ほと》んど音信の度を絶し、然《しか》らざるも淹滞遷延《えんたいせんえん》（滞り、はかどらないこと）、甚《はなは》だしきは之《これ》を失ひ、終《つい》に梗塞《こうそく》（ふさがること）せしむるに至る。〈中略〉就《つい》ては今般之を試み候為《た》め、先《ま》づ東海道筋西京（京都）迄《まで》三十六時間、大阪迄三十九時間の郵伝法を相開き、公事私用に不拘《かかわらず》、低価を以《もっ》て継ぎ送り、上下の便を起し度《たく》、且其《かつその》手続極めて簡易ならしめん為め、書状賃銭切手発行致候間《あいだ》、別紙の件々《けんけん》御了解、至急御評決、夫々《それぞれ》御布告有之度《これありたく》、依之《これより》、御布告案幷《ならびに》規則書共相添へ伺候也《うかがいそうろうなり》。

彼の述べた稟議書は理路整然としており、何よりも、旧幕時代において書簡を国許と江戸で往復させた際の不自由さ、時間的な遅れ、配達空白地域の不便さなどを知る者にとっては、極めて理解しやすい内容になっていた。

これを一読して、なお反対する者は少なかったに相違ない。とはいえ、新しい事業はすべて同じ道理だが、これからが本番であった。〝構想力〟による計画の実現化について、次のような名言がある。

「事《こと》に臨《のぞ》むに三つの難《かた》きあり。能《よ》く見る、一なり。見て能くおこなう、二なり。当《まさ》に行なうべくんば必ず果決《かけつ》す、三なり」（朱熹《しゅき》撰『宋名臣言行録《そうめいしんげんこうろく》』）

——意味はわかりやすい。

何事であれ、われわれが事に臨んでこれを処置しようとするとき、三つの困難があるという。第一は、見通すことの難しさ。前島の〝構想力〟でいえば、その成否が問われていることに当たる。第二は、見通したならば、それを断行することの難しさであり、第三はそのおこなうべきことを必ずやり遂げる果断の難しさだというのである。

政治でも経営、学問でも、この〝三つの難き〟は存在するに違いない。

要は、われわれは事に臨んだならば、自らの〝構想力〟を信じて計画を立て、実行に移し、それを実現するという三つの困難にぶつかることを覚悟しなければならない。

郵便事業には、とりわけこの〝三つの難き〟が電信や鉄道に比べ、規模《スケール》が小さいがゆえに、理解されにくいという特徴があった。

前述した西郷隆盛の汽車不要論も、根は一緒なのだが、もともと幕末の動乱は、目に飛び込んできた西洋の道具に、幕府・諸藩の有識者が衝撃を受けたことに端を発していた。大雑把《おおざっぱ》ないい方が許されるならば、日本人の多くは世界情勢に驚嘆して明治維新への道を歩んだのではなかった。ペリーが日本へ持ち込んだ恐怖は、江戸湾に入ってきた自走の蒸気軍艦が搭載していたペクサン砲という、このうえもなく具体的な物体＝武器によってであった（第一章参照）。

日本の開国派は、たとえば〝黒船〟を造ろうとして、小型模型《ミニチュア》までを物真似《ものまね》で造り得たものの、どうしても本物（外形のみならず中身も同じもの）が造れない。そこから、欧米列強にとりあえず頭をさげて教えを乞おうと考えた。

つまりは、「道具」が日本の近代化を開いた、といえなくもなかった。

幕末・明治初期に海外へ出た日本人は、結構な数に及んでいるが、彼らは「道具」――電信の恩恵にあずかり、蒸気船や蒸気機関車に乗ることで、文明の有難味《ありがたみ》を肌で感じ取ることができた。

ふり返れば、そのことを察知していたペリーは、来航のおり、電信と汽車のミニチュアを日本への土産品の中に入れている。「エレクトル・テレガラーフ、但し雷電気によって事を告げる器械」と訳された電信機（電信機二箇と電線四束）は、江戸時代、すでに平賀源内が「エレキテル」と称して、オランダ仕込みの電気の知識をわが国に持ち込んでおり、これを遠く離れたところとつないで意志疎通をはかるというのだから、蘭学や洋学に多少の造詣があれば、わかりやすかった。しかも、モールスが印字式電信機を発明してから、すでに二十年近い歳月が経っていた。

新政府の中心となった薩摩藩などでは、幕末、名君の代名詞のようにいわれた島津斉彬《なりあきら》の代に、鶴丸城（鹿児島城）本丸から二ノ丸まで五丁（約七・二キロメートル）の電線を張って、通信実験をおこない成功している。気をよくした斉彬は、鹿児島から京都の薩摩藩邸まで電線を引くことを真剣に考え、その調査まで命じていた。

また、パリ万国博覧会に最後の将軍（十五代）・徳川慶喜の実弟である徳川昭武《あきたけ》が、日本代表として参加したおり、随行した人々は途中、旅費に窮してパリから日本まで外国電報を打って、送金を頼んだこともあった（この一行の中には渋沢もいた）。

送り主は、かつて巻退蔵時代の前島とも関係を持った、向山隼人正《はやとのしょう》である。

「御勘定奉行小栗上野介へ、クーレーより金あらず、直ちに東洋銀行《オリエンタル・バンク》に為替組むべし向山」――クーレーとは、幕府が進めていた対仏借款六百万ドルの、仲介人である。

❖汽車に乗ったサムライ

大西洋の海底電信が通じたのが、慶応二年（一八六六）のこと。このケーブルを通ってサンフランシスコの東洋銀行の支店に電報が届き、そこから船便で日本へ「外国電報」は届けられた。逆にパリの一行へ、大政奉還を告げる電報が送られている。

日本から香港まで船で運ばれ、そこから海底電信でイギリス領セイロンへ打電され、セイロンから今度は陸路をペテルスブルク（現・ロシア　サンクトペテルブルク）からトルコを経由し、ようやく電報はパリへと届けられた。

江戸からパリまで、二週間ほどで届いたことになる。

新政府の時代となり、寺島宗則が先鞭をつけたことはすでに触れている。

明治二年（一八六九）十二月、築地に「電信局」が設置され、料金は假名《かな》一字につき銀一分と定められた。ずいぶんと、高い。大阪―神戸間の開通が翌三年十月。八里（約三十二キロ）強しかなかった電線は、明治十一年には三千里にも達している。

同年六月、長崎―上海間の海底電線が通じ、そのおかげで明治五年にアメリカへ滞在していた大久保利通の打った電報は、海陸五千五百里をわずか四時間で長崎まで届いている。ただし、この電報が長崎から東京へ届くには、飛脚船で三昼夜を要した。

政府関係者以外で、電信をはやくに利用したのは、輸出入の貿易商たちであった。とりわけ生糸の相場を横浜―東京間で速報した者は、商いで大きな利益をあげたという。

「これは便利じゃ」と、理解しやすいものはよかった。鉄道もしかりである。

万延元年（一八六〇）、日本最初の遣欧使節の一行が、パナマから汽車で東海岸に出

図の左手・橋の南詰に、明治５年に開局した日本橋電信局　「東海名所改正道中記 電信局 日本橋 新橋迄十六町」郵政博物館蔵

た様子を、ときの副使・村垣淡路守範正《のりまさ》は『航海日記』に、次のように述べている。

「やがて、蒸気も盛んになれば、今やはしり出《いで》んと兼《かね》て目もくるめくよふに聞《きき》しかば、いかゞはあらんと、舟とはかわりて案事《あんじ》けるうち、凄まじき車の音して走り出たり。直《ただち》に人家をはなれて次第に早くなれば、車の轟音雷《かみなり》の鳴《なり》はためく如く、左右を見れば三、四尺（約一・二メートル）の間は、草木もしまのよふに見えて、見とまらず」

同様に、三度目（文久三年〈一八六三〉）の使節団の随員として参加した青木梅蔵《うめぞう》（理髪師）は、その日記（『青木日記』）に、

「蒸気車のはしる道は都《すべ》て鉄の棒を一面に敷《しき》たるものにて、其費財《そのひざい》幾千萬といふを知らず。扨《さて》蒸気車のはしる事《こと》蒸気船よりも一倍の如く、実に飛鳥の如し。且此辺《かつこのへん》は往来にテレガラフ（テレグラフ＝電信）といふもの頭上に有《あり》て、千萬里の遠きをも一瞬の間に達《たっ》

す。是皆《これみな》道の傍《かたわら》に於《お》て丸太を一町（約百九メートル）ごと立て、是《これ》より続《つづい》て千里にかよふ。其《その》仕掛奇々妙々《ききみょうみょう》なり。所謂《いわゆる》エレキテルの類《たぐい》ならんか」

余談ながら、この頃の汽車にはまだ便所《トイレ》がなく、そのため休憩時間をもうけていたのだが、さすがに日本人にはこれがわからなかったようだ。「夫《それ》につき可笑《おか》しき事あり、右車中にて大便を山盛《やまもり》になせし人あり」と青木は書き留めている。

一度、乗ってさえみれば、汽車のありがたさは誰にでも理解できた。電信しかり、である。試験的に架けられた京浜間の電線を切ったり、電柱を倒したりする妨害事件は保守派のいたずらで、迷信につき動かされた愚昧な庶民の抵抗にすぎなかった。

「近頃尾州より帰りし人の話に、尾州より東京までの模様を通視せるに、駿遠の間は、電信線に礫《つぶて》をなげ、十に六七は破損せり。又《また》柱には種々のらくがきありて、その疎漏《そろう》なる見るべからず」（「新聞雑誌」五十三号＝明治五年七月）

――次のような、逸話も伝えられていた。

横浜で旅館業や土木建築業で成功していた高島嘉右衛門（易者としても有名）が、この頃、神奈川県知事の寺島宗則のもとを訪ねて、打ち合わせをする機会があった。

その最中、下僚が寺島のもとに来て報告した。

「また昨夜も、電線が切り取られました」

箇所も多く、本数も決して少なくはない。しかし、寺島は悠然と、

「仕方がない。政府は繋《つな》ぎ役、人民は切り役として、当分は繋《つな》いでいればよい」

と答えたという。

高島は寺島の宏量に感動したというが、一面では、「電信線係りの役人は、墨塗りの陣笠姿で馬を打たせながら、供《とも》を連れて京浜間の電線を見廻った。駘蕩《たいとう》とした春の日に、菜種が咲き、潮の香が漂《ただよ》ふ海辺を供の者に言付《いいつ》けて、電線にかゝった破れ紙鳶《しえん》（凧《たこ》）を取外させる馬上の役人、そんな平和な絵巻物を見られたのであった」――長閑《のどか》な、風景もあったようだ。

だが、庶民はこの文明開化について行けず、恐慌《パニック》をきたしたことも。

中国地方のある地域では、電信は切支丹《キリシタン》の魔法だという噂が広まり、あの電線には処女の生き血を塗るため、軒口の戸数番号の順にその家の娘を召し捕りに来る、との迷信が信じられ、人々は娘の眉を落とし、歯を染めるなどして、江戸時代以来の習慣、既婚者に偽装することが流行した。

当然のごとく、電信線はめった切りにされてしまった。

奥州＝東北では、「電信」がいつしか「伝染病」と伝わり、「伝染病を奥州へ引っぱってくる」とまじめに信じられ、懸命の工事妨害がおこなわれた。

❖理解しやすい鉄道、しにくい郵便

明治三年（一八七〇）三月二十五日、東京―横浜間が測量され、いよいよ日本最初の鉄道建設がスタートした。

技師長として招いたイギリス人エドモンド・モレルの指揮のもと、新橋―横浜間が開通し、開通式をおこなったのが同五年九月十二日のこと。この間、モレルは過労に持病の肺患が重なり、急逝している。彼の夫人はその悲愁がもとで発狂し、夫の死後四日目にこの世を去ったという。開通式には、明治天皇以下文武百官が参列した。

この日、現場を目撃した富士松加賀太夫《ふじまつかがだゆう》（角《かど》づけ浄瑠璃の一流・新内節《しんないぶし》の太夫）は、その情景を次のように語っている。

あの新橋の停車場のところは、昔脇坂様《わきさか》（龍野《たつの》藩脇坂家）のお邸があって、その門前に堀井戸があった。その堀井戸は、（赤穂）義士が泉岳寺へ引き上げて行く時に、その前で水を飲んだといふ井戸である。

さて汽車開通の当日は、御濱御殿《はまごてん》（現・浜離宮恩賜庭園）の方にかけて、立派な式場が出来て、稲荷ずしだのおでんなどと云ったやうなもので、来賓を接待した。〈中略〉そのうちに汽車がつくと、見ている見物人達は万歳を唱へる。ところがその人達は、一杯線路のまはりに黒山のやうにたかって、一生懸命になって見ていたが、やがて一人誰かが、

「汽車もさぞ、あんなものを引っぱって骨が折れるだらう」

と云ひ出した。すると又一人が、

「海の蒸気のことは何馬力と云ふが、岡蒸気《おかじょうき》のことは何といふだらう」

「さあ、岡蒸気は牛力《ぎゅうりき》とでも云ふのだらう」

といった噂の仕方。着いた機関車から煙を出しているのを見て、

「あゝ暑いから、汽車もあんなに汗をかいている。あんまり暑さうだから、ちっと水でもぶっかけてやれ」

と云って、土手に上って水をぶっかけ始めた。すると役人が出て来て、

「こらこら、貴様たちは何をするのだ」

といって、大きに叱られた。(菊池寛著『明治文明綺談《めいじぶんめいきだん》』)

さて、消極的中立を保っていた元勲たちの感想はいかに――。

『大久保利通日記』の明治四年九月二十一日の項には、次のようにある。

「三時より蒸気車にて川崎まで三十分の間に着す。始《はじめ》て蒸気車に乗り候処《そうろうところ》、実に百聞は一見に如《しか》ず、愉快に堪《た》へず、此《この》便を起さずんば必ず国を起すこと能《あた》はざるべし」

同様に、木戸孝允の日記（同年八月六日の項）には、次のようにあった。

「今日、蒸気車の試乗なり。蒸気道一條に付《つき》、一昨年来天下の議論大《おおい》に沸騰、一時その為其《それ》に此《こ》の拳《きょ》を欲止すること数度、終《つい》に政府上にて竊《ひそか》に尽力する所《ところ》あり。其《そ》の故《ゆえ》は政府上にも一時迷《まよふ》もの甚不少《はなはだすくなからず》、然《しか》るに今日成功の一端を見るに足る喜びに堪《た》へざる也。神州、蒸気車の運転、今日に始《はじま》れり」

ところが、情報を送信する電報（電信）＝速度《スピード》や、人間を乗せて運ぶ汽車＝輸送の利便性といった「道具」に比べ、郵便は配達するものがハガキ・手紙と小さく、そのためにどうしても見縊《みくび》られる傾向が強かった。

無論、欧米諸国では日常生活に溶け込んでいて重要なものとなっていたが、封建制の中、土地にしばられて生きてきた日本人は、なかなか立ち止まって、郵便のありがたさに思いいたる者は少なかった。

それは郵便制度について、先進諸国の事情を知ろうとしても、規則や文法などを記した、まとまった資料が手に入りにくかった事情もあったようだ。電報や汽車に関する本は山ほどあっても、郵便にいたっては皆目、書かれたものが見当たらない。そのため、いざ改革をなそうとしても諸事、つんのめってしまう。

たとえば、「切手」をなぜ貼るのか。その意味すら、わからなかったのである。

この頃、横浜には欧米列強の郵便局がすでに設置されていた。何処《いずこ》の国の郵便局でも、訪ねていけば「切手」の有効性ぐらいは教えてくれたはずだ。

だが、前島も含め、当時の日本人は郵便の仕組み、制度《システム》そのものを知らず、そのため何を質問していいのか、そもそもの問いかけが、浮かばなかったのである。

「切手」を貼るもの、とすら理解できないでいた。

そのため前島は、大いなる回り道をする。横浜の先進諸国の郵便局に行きさえすれば、一目瞭然の答えを求めて、彼は欧米に渡った人たちを虱《しらみ》つぶしに訪ねた。

「欧米の飛脚の絡繰《カラクリ》を知りたいのですが……」

しかし、問われて答えられる日本人はいなかった。

幕末・明治に欧米諸国を訪れた日本人は、皆、自分なりの主題《テーマ》、学習対象を持って渡海したものだが、残念ながら前島の前に、郵政を研究しようとした者はいなかった。

のちに、明治財界の大立者となる渋沢ですら、フランスの「切手」をお土産に持ち帰っていながら、その上に押されたスタンプの意味を理解していなかった。

「よごれだろう」
と、思い込んでいたという。

❖「郵便」造語の由来

切手を貼ることで、料金を前納することだけは、以前にウイリアムスに質したこともあり（第二章参照）、前島はわりあい円滑《スムーズ》に理解できたが、スタンプが再使用を防ぐために消印するものとは考え及ばなかった。それゆえ、切手の再使用を防ぐために、二度貼れない薄弱の紙を用いて切手を作ろう、と彼は本気で考えたほどである。

そういえば、〝郵便〟の名称すらも、これまでになかったのだ。「飛脚便」と呼ぼうかと、前島も当初は考えたほどであった。

しかしそれでは、「いつでも」「何処でも」「誰でも」利用できるという、文明開化の象徴、国営の新しい制度と、従来の「飛脚屋」との区別がつきにくい。では、「駅逓便《えきていびん》」ではどうか。「駅」は移動手段の馬をのりかえる所の意、馬継ぎ場、ふなつき、宿場と、近世日本は理解してきた。「逓」にも宿継ぎで物を伝送する意味があり、次々と順送りにすることを「逓送《ていそう》」といった。しかし、漢字が難しい。

種々思いめぐらして出てきたのが〝郵便〟という名称であった。

「郵」は宿場、「駅」と同じ人馬（駅伝）の発着所の意を持っていた。また字意には、辺境の地に点々と置いた駅馬の村、「郵亭《ゆうてい》」、駅舎の意味もあった。「便」は広く「たより」の意味を持ち、都合がよい、便利の意もある。

蛇足ながら、前島に関する書籍の中で、とりわけ郵政関連のものに、ときおり贔屓《ひいき》の引き倒しで、〝郵便〟に関しては何でもかでも前島がやった、と書き列《つら》ねるものを見かけるが、これはいただけない。

郵便事業はもともと、一人の人間がすべてを創りあげられるような性質のものではなかった。前島は明治日本の、郵便事業の開始《スタート》を担った人々の、象徴と考えるべきである。

確かに、彼は多くのことを独力で成し遂げた。凄まじいばかりの〝構想力〟であった。が、改めて検証していけば、前島も誤解や失敗をしている。人間であればむしろ、当然のことであったろう。贔屓の引き倒しの最たるものが、「郵便」という言葉を、彼が創った、との誤解かもしれない。

「郵便創業談」の中で前島は、わざわざ「郵便といふ名称」の一項を設けている。

――又《また》考へて見れば、総《すべ》て物の名称は簡単で以《もっ》て呼び易《やす》いのに限る。郵便といへば二字で其意《そのい》が足りるし、且《かつ》郵便役所又は郵便物と言っても極《ごく》口調がいゝが、之《これ》を駅逓便役所とか駅逓便物とか言へば、語路の悪いばかりでなく、実用上何かにつけて甚《はなは》だ不便である。仮令《たとい》郵便といふ新名称は最初慣れないうちは不便であっても、所謂《いわゆる》「必要は直《ただち》に人の習慣を為す」ものであるから、一旦の不便はとにかく、永遠の利を計るに如かずだと思って、此趣意を主張して竟《つい》に多数の賛成を得たので、郵便といふ事に極めて、建議案を提出した。

もともと「POST OFFICE」は、福沢諭吉の『西洋事情』(慶応二年〈一八六六〉)では「飛脚」「飛脚屋」「飛脚場」といった漢字表記がなされている。それ以前に彼が著した『華英通話《かえいつうわ》』では、「ポースト・オフヒス」を「書信場」としていた。小栗忠順の部下・栗本鋤雲も「飛脚」と訳している。当時としては、妥当であったろう。

「郵便」の単語は、漢字の母国・中国の歴代王朝にもなかった。

のちに逓信博物館の生みの親ともなる樋畑雪湖《ひばたせっこ》(画家志望で、のち逓信省に勤務)は、著書『江戸時代の交通文化』(昭和六年〈一九三一〉)の中で、

「問屋役人を郵吏《ゆうり》、飛脚を郵丁《ゆうてい》、飛脚に託した書状を郵便《ゆうびん》と称したことは、(頼)山陽、(菊池)五山《ござん》(讃岐出身の漢詩人)、大窪詩仏《しぶつ》(常陸出身の漢詩人)などの化政(文化と

文政・一八〇四〜一八三〇）以後の学者が多く使用した名称であって、必ずしも前島密の創見でなかった」

と述べている。なるほど、頼山陽《らいさんよう》の五言十二句の冒頭に、

「郵便得京報《ゆうびんきょうほうをえて》　変故昔未有《へんこむかしいまだあらず》」

というのがあった。天保元年（一八三〇）の作品というから、前島の生まれる五年前にあたる。五山のものは、研究者によると、これよりも古いらしい。どうやら「郵便」の二文字は、十九世紀初頭から一部の文化人が使用していた形跡が色濃い。

そういえば、慶応三年に渋沢栄一が記した日記の二月十六日の条には、

「此日《このひ》、郵便に因《よっ》て郷書《きょうしょ》（故郷から、あるいは故郷への便り）を寄《よ》す」（『西航日記』）

とあった。同書は明治四年（一八七一）の出版だが、彼もまた、あるいは「郵便」の二文字を使用していたかもしれない。

それを前島が思い出したのか、あるいは杉浦譲あたりが知っていて提案したのか、定かではないが、最終的に決断を下したのは前島であったに違いない。

生身の彼を、神さまにしてはいけない。その〝構想力〟は図抜けていたが、彼も人間、過ち《ミス》も犯している。たとえば、二・二六事件で決起した青年将校の銃弾に倒れた、ときの大蔵大臣・高橋是清《これきよ》――それ以前に、日本銀行の総裁をつとめ、総理大臣、大蔵大臣

などを歴任した政府の重鎮――を、その若き日、前島はクビにしていた。

明治五年のことである。是清は大蔵省の役人（十等出仕）となり、前島の管下にあった駅逓寮に勤務することになった。このとき十九歳の〝新知識〟（洋行帰り）の是清に、前島は次のようにいったという（以下、『高橋是清自伝』より）。

「郵便の事務はまだ創業早々で、すべてこれから整えなくてはならぬ。そのうちに外国人も来ることになっているから、そうなれば君はその通訳をやってもらいたい。それまでは、さしあたり、アメリカの郵便規則でも翻訳してもらえば結構だが」

ここまではよかった。ところが、つい前島が何かの拍子に、

「君一人では少し手不足になるだろうから、誰かもう一人探しておいてくれ」

と、いったようだ。

ところが是清は、この上司の言葉を急務と受け取り、当時、華族学校で教鞭をとっていた鴨池宣之《かもいけのぶゆき》（大学南校の教員時代、是清の同僚　のちの東京本郷区長）を勧誘し、ついに転職を決心させてしまった。そのことを報告にいくと、前島は衆人列座の前で、

「そんなにいたって、今は君ですら不用ではないか。それにいま一人採用して、不用な者を二人も作るわけにはゆかぬ」

とつい、放言してしまった。

是清は十代からチヤホヤされており、いささか天狗になっていたようだ。このときも前島に食って掛かり、大声で怒鳴りつけ、その日のうちに辞表を叩きつけた。

すると、数日たって駅逓寮から「出仕ヲ免ズ」と、懲戒を意味する辞令がもたらされる。ついでながら、この是清のあとに塚原周造が入った。

❖切手と料金設定の苦心惨憺

閑話休題《それはさておき》――前島が構想した〝郵便〟は、少しずつ形を整え、明治三年（一八七〇）六月七日には民部省の廻議書に付され、大いなる賛同を得て、太政官にまわされた。

ここで決定すれば、正式に動きはじめることになるのだが、手続きに手間取り、正式採用を見る前に、前島にはイギリスへの出張辞令がくだる。

帰国したのは、翌明治四年八月十五日――この外遊を挟んで、前島が苦心惨憺したことが、〝郵便〟に関して四つあった。一つは「郵便」の名称を定めることであり、

「其《その》二は郵便切手の名称を定め、且《か》つ之《これ》を製造せしめしことなり。切手の名称は字義に於《おい》て当らずと雖《いえど》も、余（前島）は其《その》当否を論ぜず、之《これ》を用ひて郵便切手と為《な》せり」

（「自叙伝」・『鴻爪痕』所収）

江戸時代にも、「切手」の単語は使われていた。金銭を受け取った証拠の券、手形のことをいい、前島はこれに「郵便」をくっつけたわけだ。郵便物を出すには、切手を貼らなければならない、とした。問題は、その製造であった。

当時未《いま》だ銅板彫刻の術《じゅつ》進歩せず、京都の松田玄々堂のみ稍々《やや》之《これ》を能《よ》くすと聞きたるを以《もっ》て、その彫刻を彼に命じたり。銅板彫刻已《すで》に成りたれども、当時は切手の再用を防ぐ為に消印を捺《お》すことすら知らざりしを以《もっ》て、液体を以《もっ》て切手を濡す時は全面破潰《はかい》して再用すべからざる薄弱の紙を用ひて印刷すべきを命じたり（同上）。

われわれが今日、当たり前のように扱う「郵便切手」も、やはり創業期は手探りの状態で生まれたものであった。「切手の再用を防ぐ為に消印を捺すこと」すら知らず、玉川唐紙のように、考えうるかぎりの弱い紙質を選び、くり返し実験をおこなった。が、紙質の弱い切手は未使用のものでも、破れてしまった。

当時は切手の裁断に便《べん》する小穴を穿《うが》つことを知らず、護謨糊《ゴムのり》を使用することも知らざりしを以《もっ》て、截刀《さいとう》（ナイフ）を以《もっ》て切手を切離し、米糊を以《もっ》て郵便物に貼附する事とせり。余（前島）は英国に於《おい》て切手に小穴を穿つ機械を知りたるを以《もっ》て、帰朝後、我職工に其《その》製造を命じたれども、技術拙劣《せつれつ》にして其用《そのよう》を為さず、已《や》むを得ずして櫛形の鉄器を用ひて、人手《ひとで》を以《もっ》て小穴を穿つが如き愚劣の動作を為し、之《これ》が為に余は数百金を私消せり。（同上）

どうやら、郵便が開始される前の、くり返される試行錯誤の実験に要した資金は、その多くを前島が私費《ポケット・マネー》で払ったようだ。

彼ほどの〝構想力〟をもってしても、細部ほど、究明するのが難しかったのかもしれない。どうすれば再度の使用を阻止できるか、前島は悩み抜いたようだ。

難関はそれだけではなかった。

「其《その》三は東京大阪間に於《お》ける郵便物の発着時間を定めたる事なり」

郵便は、定められた時間に配達されなければならない。取り扱う人間はいつ郵便物を集め、どのように配達すればいいのか。日本の住居の何処にも、郵便受け《ポスト》はなかった。門構えの家ならば、門前で郵便の到着を知らせなければならないが、屋敷の奥にいたならば聞こえない。ましてや夜、寝ていたならばどうすればいいのか。すべてが暗中模索、未知のことであった。

前島は自ら「飛行夫」(配達夫)となり、家族や使用人を使って、演習までおこなったという。なるほど、すべてにおいて初めての経験をする場合、人間はわからないになりに、手さぐりで実験をくり返し、研鑽を積んでいく。疑問を一つ一つ、つぶしていくものらしい。それにしても、家族をも実験に駆り出すあたりが、いかにも実直な前島その人らしい。

仕事というものは、同時進行に難問が重なるもののようだ。配達の順序《ローテーション》もさることながら、四つ目の料金を定めることも至難事であった。

これまでの飛脚は距離に応じて、届け先の難易度を加味して、その料金を容易《たやす》く決めていた。あまりにも遠い所や、人里はなれた山奥などは、料金が見合わなければ、断っても差しつかえはなかった。

ところが、前島の〝構想力〟は複雑な料金をわかりやすく、「遠近を問《と》はず均一の料金を収《おさ》むる」ことを求めていた。全国何処から何処に送っても、料金は同じ。ただ、それを実現するためには、「経済上容易ならず」、前島の「最も之に苦心せり」――。

これらの難問を抱え、四苦八苦しているところへ、イギリスに赴くべき官命が出たわけである。郵便制度の調査は、そもそも出張の目的ではなかったのである。

前島の〝構想力〟は、張りめぐらされた情報網《ネットワーク》を同時に、複数、活用するところに最大の強味があった。彼は本来の目的ではないイギリスへの出張で、難問の二と三を解決し、四番目の問題も新しい時代の郵便料金↓伸びて行く配送先と、それに対応しての料金体系を、周囲が納得する形で、当初の予定通り、遠近を問わない均一の料金設定にする糸口を摑む。

それらはいつも、〝コロンブスの卵〟であった。前島の〝構想力〟はその途中において、試行錯誤をくり返した。ときに発想は逆転し、急落急上昇もしている。解決の糸口はいつも、視野を広げて全体を見ることによって達成されてきた。

図式にすれば、守↓破↓離。

まず、ヒントとして使えそうなもの――たとえば、飛脚や伝馬（宿駅を往復し旅行者や貨物を送った馬）など――これまでに存在したものを、調べてその体系を把握する。

そのうえで、郵便に置きかえ、応用の利くものと利かないものを分ける。

何が従来のものと違うか、その本質を探って、発想を転換し、固定概念を打破する。ここでみえてくるのが、新しい価値観、すなわち〝コロンブスの卵〟であった。

前島の場合、多くの難問解決は、あとから眺めれば当たり前のことじゃないか、というところに、ヒントも答えもかくれていた。離れてみえる景色、世界というものが、その実、見渡す風景のなかに存在する。〝構想力〟はそのことを、教えてくれた。

❖郵便汽船・列車・馬車への構想

ところで、前島に郵便の四つの難問に解決のヒント・答えを与えてくれたイギリスへの出張の、本来の目的は何であったのだろうか。

思い返せば幕末、巻退蔵はなんとかして欧米諸国を自らの目でみたい、と奔走したが、ついにうまくいかなかった。それがこの度は、ふいに……。

先に鉄道敷設の経緯《いきさつ》について触れたが、一つだけ述べなかったことに、建設費用の捻出問題があった。なるほど、鉄道が完成すれば運賃収入が見込める。が、鉄路が一定期間、完成しなければ、それまで収入はない。とっかかりの敷設資金、蒸気機関車の購入資金を調達しないことには、工事に着手できない。

ここにネルソン・レイというイギリス人が登場する。英国公使パークスの紹介ということで、明治政府の高官たちはこの〝利権屋〟に、コロリと騙《だま》されてしまう。しかも、最も責任を負うべきが大隈重信と伊藤博文の二人であった。二人は「公債」というものを知らぬまま、すべての資金調達をよく知りもしないレイに一任したのである。

「一割二分の利息で可能です」

とレイにいわれ、二人は無邪気に喜んだ。

なぜ、歓喜したか。明治元年（一八六八）に、横浜の東洋銀行《オリエンタル・バンク》から五十五万両（円）を借り、旧幕府の借財を払ったときのことを、大隈と伊藤は思い出したのだ。

「あのおりの利息は、一割五分であった。それよりも三分、安いではないか」

と二人は簡単に考え、海関税《かいかんぜい》（輸入貨物に課せられる租税）を抵当に、百万ポンドの起債契約を結んだ。大隈と伊藤は、レイが個人で巨額の融資をしてくれる、と考えたのだが、レイはロンドンへ戻ると日本政府の代理人と称して、年九分での公債を募った。

集めた金を一割二分として日本政府に納め、己れは三分という莫大な利息のピンをはねしようとしたわけだ。ロンドンでの公募を知らされた大隈と伊藤は、真っ青になった。

「まさか――」

と声も出ない。

二人はネルソンと聞いて、この詐欺師まがいの男を、ナポレオン艦隊を破ったイギリス海軍の名将ネルソン提督の一族である、と一方的に信じ込んでいた。名刺の肩書きに「ナイト」とあり、英国公使館で寝泊まりしていたことで、よほどの大物とも思い込んでいたようだ。そのためこの人物の、信用調査すらしていなかったのである。

さしもの大隈も、この件では進退極まってしまう。なんとかレイとの契約を破棄し、改めて建設資金を手に入れなければ、政府における己れの立場は消滅しかねない。

この難題の処理を、一任されたのが大蔵大丞の上野景範《かげのり》であり、彼は特命弁務使の肩書きをもってイギリスへ乗り込むことに。前島は、その差副《さしぞえ》（付き添い）を命じられたのであった。旧幕時代でいえば、「目付」に相当しようか。

大隈は首の骨が折れるまで拝跪《はいき》するように、よろしく頼む、と旅立つ二人に繰り返した。上野と前島は、ロンドンへ向かった。

「今から回顧すれば、実に噴飯《ふんぱん》すべき大失敗であった」

と前島も、大隈たちの信じられないような失敗を、のちに回想しているが、この一件は簡単には解決しなかった。そもそも国債の何たるかも知らず、「法律は勿論《もちろん》、慣例にも全く無知識なりし」につけ込まれたのだから、たまらない。

東洋銀行の専務に、有力な法律家（弁護士）を紹介してもらい、ネルソン・レイの不法行為を責め、契約を破棄させたが、「彼が抗論も亦《また》理無きにあらずして、其《その》紛糾久しきに渉《わた》りたり」——レイには莫大な違約金と募集費を払わされ、改めて公債は東洋銀行より年利九分で引き継がれることとなる。

あまりに、高すぎた授業料といえなくもないが、もめている間にも前島は、わからなかった郵便事業の詳細＝実施の細部をイギリスで確認、得心することはできた。この点、前島はレイの鉄道に対する仇《かたき》を郵便で取った、といえなくもない。

前島はイギリスへ向かう際、太平洋横断に偶然、アメリカの太平洋郵便汽船会社の船を利用した。この船は外国郵便局のある、サンフランシスコを目指す。洋上、彼はのしかかるようにして、同船の郵便局員にこれまで苦悩してきた種々の質問を発した。

政府の補助を受けて、政府の郵便物を運ぶ仕組みを学んだのも、この時のことである。切手の消印の謎も、ようやく知れた。前島は急ぎ、日本の杉浦譲にことの詳細を書き送っている。大陸横断の郵便列車、大西洋を結ぶ郵便汽船、市街を走る郵便馬車――前島は郵便事業が、国家の重大な戦略によって成り立ち、また一方で重要な位置を占めていることを実地に思い知る。

「われわれの乗っているこの船も、郵便汽船なのか?!」

前島の〝構想力〟は、具体的なアメリカ、イギリスの郵便事業のデータを得て、大いに広がりと深味を持った。これから見る陸運元会社の日本通運への進展の道も、〝三菱〟の発展史も、ことごとくはこの度の出張において補強された、彼の〝構想力〟に基づくものであった。

ただ、イギリスで学んだ新規のものを、日本へ導入する最終権限を、当の前島は持っていなかった。彼にとっては、上司の大隈だけが頼りであったが、厳密にみるとこの大隈にも、すべてを即断できる権限はなかったのである。

明治初期の日本にあって、全能に近い権力を有する者があったとすれば、維新の三傑――西郷・大久保・木戸だけ。もともと薩長同盟に端を発した新政府は、この二藩出身者の藩閥で成り立っていた。その頂《いただき》に、この三名がいたのである。

大隈は残念ながら、薩長土肥と呼ばれる四番目の、肥前佐賀藩の出身。事務処理能力を買われて、元勲三人のうち、大久保に信任されているとはいえ、その存立基盤は脆《ぜい》弱《じゃく》であり、立場も微妙であった。見方によっては、彼の下位にいる伊藤のほうが、潜在的な権限では大きなものを持っていた、といえなくもない。

❖伊藤博文と前島の意外な接点

伊藤は木戸の腰巾着《こしぎんちゃく》（ある人に付き従って離れない者）として幕末維新を生き残り、多くの先輩が動乱のなかで死去したため、はからずも分不相応に上へ登用された経緯があった。利助、俊輔と呼ばれていた伊藤は、江戸という身分社会を手玉に取った人物ともいえる。

なにしろ、足軽のさらに傭人《ようにん》＝百姓の出自からスタートした彼は、十二、三歳で若党奉公に出た。動乱のなかで、若者が跳ね上がる長州藩内に生まれたことが、この男に限っては幸いしたといってよい。加えて、身分を問わない吉田松陰の松下村塾《しょうかそんじゅく》に学んだことから、うそのような離れわざで士分に列せられ、幕末の文久三年（一八六三）にはイギリス留学の、五人の一人に選ばれている（ただし、井上馨と共に四ヵ月で帰国）。

英語がわずかにでも話せる、ということで伊藤は、人間関係《コミュニケーション》の能力により、高杉晋作や桂小五郎（木戸孝允）といった主役が入れ替わる長州にあって、ときの主役に絶えず取り入り、幇間《ほうかん》そこのけの言動で、舞台の脇役のように立ちまわり、主役たちに笑われながら、肩を叩かれながら、いつしか大蔵少輔兼民部少輔となっていた。

が、性根はしょせん、軽格な人物にすぎない。ネルソン・レイにやられ、四面楚歌に陥った大隈と共倒れになることを恐れた伊藤は、財政・幣制《へいせい》（貨幣の発行や流通）調査の名目で、日本から逃亡してしまう。明治三年（一八七〇）十月のことであった。

帰国は明治四年七月、彼は租税頭兼造幣頭、ついで九月に工部大輔となる。

時期を同じくして、前島同様に先進国の文明開化を学びながら、伊藤はまったく〝郵政〟を研究していない。地味で実務的すぎる分野には、そもそも関心がなかったのであろう。このあたり、いかにも野心家のこの人物らしい。

他方の前島は、イギリスではすでに郵便為替《かわせ》や郵便貯金、郵便保険（簡易保険）の業務がおこなわれていることに衝撃《ショック》を受ける。また、養老保険や養老年金についても、知れば知るほど呆然となった。

「日本はいつになれば、これほどの文明を持ちうるのか」

一瞬たじろぎながらも、そこは前島である。〝構想力〟よろしく、できるところから、ともかくも始めよう、とまずは郵便の実地で検証した。

英国に着《ちゃく》すると直《ただち》に、英国郵便史と郵便案内の二書を得た。此《この》二書だけでは其《その》詳細は分らないけれども、同国郵便為替の概要は知れたのです。そこで〈中略〉実地に其《その》取扱振《ぶり》を見たいと思って、倫敦《ロンドン》滞留中にも、或《あるい》は旅行中にも、都鄙《とひ》（都会と田舎）の郵便局に行って、或《あるい》は差出人となり、或《あるい》は受取人となって種々実験した所が、其《その》取扱の敏捷《びんしょう》で以《もっ》て、送達の迅速な事は驚く許《ばか》りだ。さうして小さな局には女の書記が居て其《その》執務の熟練であり、且《かつ》私の様《よう》な会話の不十分な外国人に対して、取扱の丁寧な事は感歎《かんたん》に堪へない程《ほど》であった。（「郵便創業談」・『鴻爪痕』所収）

考えてみれば、前島は目もくらむばかりの遠大な冒険をしているようでもあった。

欧米先進国では、鉄道も馬車も縦横に通じている。が、日本ではまだ開始《スタート》したばかり。

それ以前の問題として、このころ、日本で簿記のわかる者は数えるほどしかいなかった。為替をやるとはいってみても、本来の為替の主役ともいうべき銀行すら、日本にはまだ一行とて存在していなかったのである（前出の渋沢による第一国立銀行は、明治六年の創業）。

このような環境で、郵便事業をやれる、と考えるほうがどうかしていた。史実、明治五年の春、前島は郵便為替を稟議にかけたが、その請求は通らなかった（明治七年、大隈の支援で郵便為替の準備は開始《スタート》、郵便貯金はその翌年から実施される）。何事も情報要素《ソフトウェア》と機械装置《ハードウェア》が過不足なく揃わなければ、新規事業の開始《スタート》は難しかったようだ。

蛇足ながら、大隈に比べて前島は伊藤との接点がなかったが、幕末、両者には意外なつながりがあった。

長州の留学生として、井上馨らとともにロンドンへ渡った伊藤は、井上と共に現地の新聞で四ヵ国連合艦隊の馬関（下関）砲撃を準備していることを知り、急ぎ帰国の途についた。彼が生涯にわずかに見せた、一か八かの決断の最初であった。元治元年（一八六四）六月のことである。その後、高杉晋作のもとに身を投じ、これまた九死に一生の思いをしながら、藩内の俗論派を一掃する戦いに参加、第二次長州征伐に際しては、薩長同盟の恩恵により、汽船や兵器の購入を担当すべく長崎に駐在している。

前島と出会ったのは、まさにそんな最中であった。おそらく慶応三年（一八六七）の八月以降のことであろう。次はその回想譚だが、文中の「慶応二年」はおそらく前島の記憶違いかと思われる。

翁（前島）の初めて伊藤俊介《ママ》（博文）に邂逅《かいこう》されたのは慶応二年《ママ》の十二月で、妙なことから名乗り合ったと語らる。翁は其頃《その》神戸の税関に勤めて居られたが、偶々《たまたま》玄関先に居らるゝと、英国旗艦乗組人と共に一人の日本人が来た。その服装は黒の「フロッコート」（フロックコート）様《よう》の上衣に黒い「ヅボン」（ズボン）を穿《は》き同じ色の眉庇《まびさし》（帽子のひさし）のある船乗の帽を着け、下士官などの用ひる長い洋剣を帯びて居た。

（「逸事録」・『鴻爪痕』所収）

その男＝伊藤が、「兵庫奉行所では、誰が実力者か」と問い、「幕府の形勢はどうだ」などと尋ねる。あやしいやつ、とみた前島は、「お前は何者だ」と問うと、伊藤は、「イギリス海軍の旗艦アスコルト号に乗り組んでいる薩摩の者だ」と答えたという。

自分は笑って「さてさて言葉の異《ことな》った薩人もあるものかな、自分は先頃まで鹿児島に居《い》た者で、薩語をよく心得ている、君の様な薩人があるものか」と、いふと彼れはひどく窮《きゅう》した様子であったが、飽《あく》までも薩人であると言ひ張った。自分は深くも詰《つま》らず、「よしく」と言うて皮肉に笑った。彼れも薄気味悪く感じたらしく、容《かたち》を改めて、誠意に自分の姓名を問うたから、前島来輔と告げると、彼れは手帳に之《これ》を書き留め、名刺を出して与へた。見ると伊藤俊介《ママ》であった。之《これ》が伊藤に会《かい》した初対面で、其後《そのご》途上で会ったこともある。又《また》其後幾日かを経て自分の寓所へ尋ねて来たこともあったが、伊藤も翁に許す所があったと見えて、或日《あるひ》寓所に訪《おとな》ひ来り、折入って一少年の保護を君に託したいが承知して呉《く》れるか、実は自分は暫《しばら》く此の地を去らねばならぬとあったので、翁も気の毒に思ひ、一片の義気で心から之を諾《よしと》した。此の少年は長谷川某（長谷川為治《ためはる》）と云ふもので、翌日自分を訪ねて来たから泊めて置き、其の請《こ》ふに任せてコルネルの地理を教へてやり、さてお前は何国の人だと問ふと此奴《こやつ》も矢張《やはり》薩摩人だと云ふ。自分は其の然《しか》らざるを知れど、笑って「さうだらう」と云ったので之に不安を懐いたか、又他に事情があったか、幾ばくもなく去ったが、此人《このひと》は後に造幣局の高等官となり、終《つい》に其局長となったといふ。（同上）

前島と伊藤の出会いは、前者が三十三歳、後者が二十七歳のときであった。

となれば、そもそも二人は少なくも、政府中で再会したおり、感情的にもつれる間柄ではなかった、ということになる。

❖大久保利通、大蔵卿就任の深謀

明治四年（一八七一）七月の「廃藩置県」に対応し、大久保利通は己れを実質的な政府の宰相とすべく、大いなる賭けに出た。まず彼は参議を辞任、大蔵卿の任命を受ける（六月二十五日）。

これは正院（太政官職制の最高機関）に三条実美、岩倉具視、西郷隆盛、木戸孝允の四名を参議として残し、他の参議を一格下げる人事の意味合いを持っていた。

ところが、「廃藩置県」の成立とともに、板垣退助と大隈重信が新たに参議に任ぜられた。これで公卿二人のほか、薩長土肥の四藩出身者がそれぞれ、一人ずつ参議になってしまう。これを見てとった大久保は、突然、翌十五日に大蔵卿を辞めて、

「宮内省へぜひ、転出させていただきたい」

と三条にいいだした。のみならず、連日のように三条、岩倉、木戸のもとを訪ねて、転任運動を繰り返す。なぜ、大久保はこの時期、このような挙に出たのか。

一言でいえば、国政の中心を己れの手で握ろう、との意図によるものであった。

そもそも、明治二年の「版籍奉還」のころ、日本の内政（地方行政・民生・勧業・土木・交通通信）担当は民部省であり、大蔵省は会計出納所に毛のはえた程度の職能しか与えられていなかった。だが、大蔵省が徴税の関係で地方官を監督下においたことから、民部省と仕事が重なり合うようになり、結果として両省首脳の兼務が進められ、一時、合併したのも同然となった。このことは、再三、見てきた。

結果として、民部・大蔵の両省に勢力を築いたのは、肥前佐賀藩出身の大隈重信ということになった（正確には、その上に木戸がいて、睨《にら》みを利《き》かせてはいたが）。

「両省が一つになれば、政府の中にもう一つの政府ができてしまう」

この合併が、長州と肥前佐賀の藩閥を益することを懸念した大久保は、同じ藩閥にあって大隈と主導権争いを演じていた江藤新平を語らい、一度は内務省設置に動いたもののうまくいかず、岩倉とも謀《はか》って、明治三年七月には、〝次善の策〟として、民部省と大蔵省の切り放しを断行した。大隈や伊藤博文の両省兼任を解き、大久保自らが民部省御用掛（民部卿代行）となったのである。

にもかかわらず、次にはその解体した一方、大蔵省のトップに再び大久保は就任した。おそらく彼は、「しまった」と柄《がら》にもなくうろたえたに違いない。

こんなめぐり合わせになるならば、〝政府の中の政府〟を解体すべきではなかった、と後悔したはずだ。しかし、いまさら自分の口からは再合併はいいだせない。

そこで大久保は苦肉の策として、政府に揺さぶりをかけたのである。すでに事実上の宰相として、国政を切り盛りしている彼にすれば、いまさら「卿」の下の次官の地位《ポスト》「大輔」になるわけにもいかない。残っている椅子といえば、力のない宮内卿のみであったが、この時期、この地位は公卿出身者に限る、との不文律があった。

つまり、事実上、大久保の転出先は存在しなかったわけだ。

転任が不可能となれば、大蔵卿留任しか方法はない。大久保は暗に、民部省を大蔵省に再び吸収合併して、その人事も一任してほしい、ということを語っていた。あわせて、すでに江藤による民部省廃止の草案は、太政官に提出されている。

七月二十三日、長州出身の民部大輔・井上馨が大久保のもとを訪れ、両省合併の話を持ち込む。二日後、再び井上は大久保を説得。同月二十七日、正式に大蔵省が民部省を吸収合併することが決定した。井上はその論功行賞によって、大蔵大輔となっている（のちに井上は失脚するが、それはまだ先のこと）。

かつて大蔵省と民部省の頂上《トップ》を兼ねた大隈こそ、いい面《つら》の皮であったろう。

こうして大久保は、軍事と外交以外の、政府機構の過半の権限を大蔵省に集め、諸卿に冠たる実権を握ったのであった。国家財政のみではなく、資本主義化政策の中央機関として、強大な権限を持った大蔵省は、平民に名字を許し、戸籍法を制定。

脱刀ならびに士族平民間の通婚の自由を認め、そのほかにも府県官制など、わずか一年のあいだに多くのことを改革推進した。戸籍を通じて、府県と国民を掌握しようというのが大久保の究竟《きゅうきょう》のもくろみであった。

明治四年十一月十二日、近代日本の命運を担って、右大臣・岩倉を全権大使とし、木戸、大久保、伊藤、山口尚芳《なおよし》（外務少輔・佐賀藩出身）を副使とする約五十名の使節団が、横浜をあとに欧米列強へと旅立った。

同行した留学生は、六十名。この岩倉使節団の目的は、大別して三つあった。

一つは幕末に、幕府が条約を締結した国々を歴訪して、元首に国書を奉呈する「聘問《へいもん》の礼《れい》」。二つ目は、欧米先進諸国の制度・文物を見聞して、日本の近代化を進めること。三つ目に、明治五年五月二十六日が条約の改定期限にあたり、条約改正の予備交渉をおこなうというもの。三つは、難易度の易しい順番といってもよかった。

当初、使節の旅程は十ヵ月半として計画されていたが、伊藤が最初に訪れたアメリカで、一番難しいとされていた条約改正が、やれそうだ、と大いなる誤断をしてしまう。

もし、可能ならば、条約改正に必要な明治天皇の委任状がいる、と考えた大久保は、伊藤ともども一度、帰国したため、使節団の訪問計画《スケジュール》は大幅に狂い、その実、条約改正では何一つ成果をあげられず、大久保の場合、彼が帰国するのは明治六年五月二十六日のこととなる。

人生は皮肉なものだ。いわば外交交渉に失敗して、赤面しつつ帰国した大久保のもとで、前島はこれまで以上に広範な仕事をすることになる。

❖前島、再び「新式郵便」の陣頭指揮

政府＝太政官の改革により、「駅逓司《えきていし》」は大蔵省へ移管となった。

それ以前、事実上の長官《トップ》であった「駅逓権正」の杉浦譲は、第三章でみたごとく、明治四年（一八七一）三月十日、初代の「駅逓正」に昇進したものの、同年八月七日には枢密権少史《すうみつごんのしょうし》（太政官正院の六等官）へ転任。さらに三日後には官制の改正があり、枢密は内史と改称した。今風にいえば、内閣総理大臣の秘書官といったところであろうか。

杉浦はおもに、「戸籍人員の調査」にあたることとなる。後任の駅逓正に濱口儀兵衛《ぎへえ》（成則）が任ぜられた。号の悟陵《ごりょう》のほうが、一般には知られている。それを追うように、「駅逓司」は三等寮「駅逓寮」へ昇格。彼は初代の「駅逓頭《かみ》」となった。

濱口は、幕末の安政元年（一八五四）に起きた「安政南海地震」（マグニチュード八・四）のおり、稲むらに火をつけて津波の来襲を知らせ、村人を救った「稲むらの火」の主人公として、後世、知られることになる人物である。

前島が日本へ帰国したのは、その直後のこと（前出の高橋是清と争ったのは、もう少しのちのこととなる）。だが、このときすでに彼は「駅逓」とは無関係の、本来の租税権正の肩書に戻っていた。官僚は従前より、職分《ポスト》が替われば前任の仕事は終了となる。

引き継ぎを済ませれば、前の職務にくちばしを入れないもの、とされてきた。杉浦は後任の濱口にすべてを託して、静かに異動している。前島は帰朝直後の明治四年八月十六日の朝、帰国のあいさつを兼ねて日本橋四日市（現・日本橋郵便局）の「駅逓寮」に濱口を訪ねた。二人は応接室で面会したが、それまでに面識はなかったようだ。

話が、〝新式郵便〟に及ぶ。濱口は駅逓のことは皆目わからない、と正直に告白したが、ここで少し蛇足を添えてしまった。

「――しかし、電信は新規のことでありますから、政府の事業とするのは当然でしょうが、郵便なんぞはむかしから飛脚屋のしてきた卑しい商売ですから、この三月から始まった東海道の新式郵便も、その成績がよければ条件をつけて、やはり飛脚屋へ移してはどうかと思っているのですがな」

と。無理もない。前島ですら少し前まで、飛脚屋を見下げて考えていた。特別に〝郵政〟に関心のない浜口にすれば、当然の反応、率直な気持ちであったろう。

なにしろ濱口は、紀州＝和歌山の豪農の出身である。その先祖は銚子（現・千葉県銚子市）に出て醤油の醸造業をはじめ、二十一世紀の今日まで、ヤマサ醤油としてその事業はつづいている。文政三年（一八二〇）六月生まれの彼は、幕末、育英資金を紀州藩の内外を問わずに出し、幕臣の勝海舟もこの恩恵に与《あずか》って学問をしていた。

明治になって、藩の勘定奉行を頼み込まれ、藩政改革にも参画。和歌山藩権大参事、同参事と進んだ。明治四年七月の廃藩により、中央へ召命を受け、「駅逓正」→「駅逓頭」と就任してきたが、生まれつき出世欲など欠片《かけら》もなかった。このとき、五十二歳。

一方、前島は「郵便」をロンドンで学習しての帰国であった。井上大蔵大輔に、「自らを駅逓頭に任じてくれるように」と請願し、同席した大蔵少輔・吉田清成《きよなり》（薩摩藩出身）の賛同もあって、八月十七日「駅逓頭」となった。これは帰国して二日後のことである。このあたり、いかにも草創期らしい大雑把さではあったが、前島にたってといわれた井上も、即答を避けて一応、濱口の気持ちも聞いている。

「前島君が〝新知識〟を駅逓に傾倒されるという考えならば、国家のために同君に職を譲ってもやぶさかではない」

濱口は淡々と答えた。

前島が「駅逓頭」に任命された同じ日、濱口は初代・和歌山県大参事に転出している。だが、この職も、半年のあいだ形だけつとめると、さっさと辞任。彼は幕末の頃から、自らの目で欧米諸国をみたい、と熱望していた。

財力はあったが、人柄と才覚が濱口の希望をなかなか実現させなかった。その後、和歌山県会議長（初代）に選出されたこともあるが、明治十七年五月、一切の公職から身を引いた濱口は、宿願であった海外視察にようやく出発した。が、ニューヨークで倒れ、そのまま翌年四月に彼《か》の地で客死を遂げてしまう。享年は六十六であった。

筆者は、濱口を杉浦同様に尊敬している。これほどの立派な日本人がいたことを、同じ日本人として心から感謝しているといってよい。

ただ、立ち止まって「郵便」を考えたとき、もしも、とつい思う。もしも、濱口と前島が入れ替わることがなければ、郵便事業はそのまま民営化され、江戸時代の飛脚の延長に、今日につづく〝郵政〟の歴史は、大きく変更を余儀なくされたに違いない。

政府の若々しさ、創成期の寛容さにより、前島は別段の譴責《けんせき》も受けず、再び〝新式郵便〟の陣頭指揮をとることとなる。郵便事業は彼の留守中も、彼によって着々と準備が進められ、明治四年三月一日に、郵便は創業された（太陽暦でみれば、四月二十日のこと)。

前島の〝構想力〟による作戦は、まず東京―京都―大阪の三都に郵便役所を設置、これを往復するように東海道沿いに拠点を増やしていく。

それとは別に、横浜にも郵便役所がもうけられ、これらの通信網《ネットワーク》を確立しつつ、八月に入ると郵便の線路は大阪から西へ広がり、山口の下関まで延長となる。

南は四国の高松まで。しかし、地方では民間の請負《うけおい》によるところが多かった。

❖地方の名望家を郵便御用取扱人に

資金の乏しい政府財政事情をうけて、それでもなおかつ迅速に拠点＝通信網を構築するために、前島のとった非常手段が、「郵便御用取扱所」(のちの郵便局）の設置であったといえる。

筆者はこれこそ、彼の考え出した「郵便」を真に成功させた主因と考えてきた。

各々の地方における庄屋や豪農、いわゆる名望家を「郵便御用取扱人」に任じ、〝お上《かみ》の御用〟を承《うけたまわ》る権威のハクだけつけて、わずかばかりの口米銭を給するだけで、その自宅を役所にあてるというもの。この斬新な着想《アイディア》ほど、前島の〝構想力〟が持つ独創的で画期的なものを、具現化した傑作も少なかったのではあるまいか。

くり返すようだが、新しい政策、戦法というものは、大々にして局面の中にすでにある。「木を見て森を見ず」の目先、瑣末《さまつ》なことにばかりとらわれることなく、全体を眺め、ときに正反対の立場から客観的に見てみる。郵便であれば、送る人と受けとる人の気持ちになってみる。そうすると、意外な攻め筋が浮かんでくるものだ。

これもまた、彼得意の苦慮と熟考――いったんは白紙に戻すことも含め――の末の取捨選択、〝コロンブスの卵〟であったといえる。知識・経験から導き出し、現実を直視して、これに直感を加え、そのうえで浮かんだ着想を論理的に検証する。これが〝構想力〟である。

明治四年（一八七一）三月からの、東京―大阪間の〝新式郵便〟の実験運行が、予想以上の成果をあげたことにより、郵便事業は翌五年七月から、全国的に実施の方針を決定した。

自らの住宅やその一部を局舎に提供し、片隅にテーブルと椅子、机に書類と硯箱《すずり》、座布団を置いて、「郵便御用取扱所」は凄まじい勢いで全国に増えていった。

栃木県の宇都宮に、このころの「郵便御用取扱人」に関して、その雰囲気を伝える挿話が残っている。『郵便風土記・関東編』にも紹介されているが、一部内容に誤りがあるので、『宇都宮市史』(第四、六巻)、『史料　宇都宮藩史』などに拠り、訂正しながら見てみたい。

幕末の下野宇都宮藩七万七千八百五十石の上級藩士に、藤田伝七郎安義《やすよし》なる人物がいた。譜代の重臣で、家禄が六百五十石。安義は天保四年（一八三三）に藩執政の藤田安《やす》利《とし》の長子に生まれ、安政三年（一八五六）には「文武《ぶんぶ》引立方《ひきたてかた》」となり、その後、軍事方学館助教兼御持筒頭、用人役兼文武惣《そう》奉行。そして、元治元年（一八六四）には「家老代」(家老格）をつとめた。

前章で触れたが、大鳥圭介が旧幕歩兵をしたがえて宇都宮に迫ったおり、安義は隊を率いて防戦の指揮をとったが、攻めて来る大鳥軍はフランス式伝習を受けた歩兵である。最新式の銃を持ち、とても旧態の宇都宮藩兵ではこれに対抗できなかった。

加えて、大鳥の主力に目を奪われていた宇都宮藩は、別働で動いていた元新撰組副長の土方歳三《ひじかたとしぞう》や会津藩士・秋月登之助《とうのすけ》（本名は江上太郎）らが、先鋒第一大隊をもって奇襲をかけてくることを見破れなかった。

防禦線《ぼうぎょせん》が突破されたため、藩主の戸田忠友は城を脱出したが、このおり安義の養子・安治は主君の側《そば》を離れず、その働きは抜群であったという。のちに主君忠友は宇都宮藩知事をつとめ、下野国都賀《つが》郡（現・栃木県鹿沼市）の二荒山神社の宮司となり、さらに子爵を賜わっている（大正十三年〈一九二四〉二月に死去、享年は七十八）。

一方で安義は、維新後、世に出られず、養子の安治は警視庁の巡査を拝命したという。

そうしたおりから、〝新式郵便〟の制度が全国的に普及することとなり、栃木と宇都宮両県合併後、四十二ヵ所の「郵便役所」及び「郵便御用取扱所」が設置された。

明治八年六月中旬というから、少しのちのことになる。栃木県庁から藤田安義に県の駅逓係まで来庁されたい、との書状が届いた。実は宇都宮郵便役所郵便取扱人（役）の一人が、かねてから辞意をもらしており、その後任をぜひに、との話は、内々に安義も聞いていたようだ。彼が羽織袴で出頭すると、駅逓係の権少属が応対に出た。

旧幕時代なら、呼び出すのは安義で、役人は飛んでこなければならなかったろう。やはり、話は後任への就任要請であった。

「貴方もよくおわかりのことと思いますが、いやしくも、信書というものは、自分の意志を人に伝えるという大切な物です。一通の信書が届かなかったために、その人の一生を大きく変えてしまうということだってあるのです。世間では、まだまだ郵便を飛脚屋的な観念を持ってみる人が少なくありませぬ。それだけに、郵便取扱役には人から尊敬される人物に就任していただかなければならぬ、と駅逓寮でも申しております。現に、どの取扱役をみても、立派な人望・家柄の人たちばかりです。とくに宇都宮のように大きい町で、貴方のような旧家老職の方に郵便取扱役になっていただければ、町の人たちの郵便に対する認識が深まることでしょう。何卒、郵便事業の発展のためにも、ここは一つ、よろしくお願いいたします」

安義は、この言葉を聞いて引き受けた。やるからには、と巡査になっていた安治をも呼び戻し、局務を担当させている。また、「郵便飛行脚夫」＝配達人を四名、雇った。やがて屋敷が手狭となった安義は、宇都宮郵便役所を立地条件のよりよい場所へ移している。

なお、開局時の安義の手当は八口米（四円）ほどで、事務所の経費は月に一円ほどであった。宇都宮郵便局は明治十八年十二月、官吏特派局となり、これを機に安義は退職した。満十年を駅逓局から表彰された安義は、慰労金二円を受けとっている。現在の貨幣価値に直すと、四万円程度のもとなる。持ち出しの方が、はるかに多かった。

郵便役所郵便取扱人（役）は、新生日本を担う自負心《プライド》で職務を遂行していたのである。

❖民業圧迫を怒る飛脚屋への説得

郵便物を配達する人のことを、当初は「郵便飛行脚夫」といった。

〃お上《かみ》の御用〃と威勢はよかったが、今とは背景が違う。道路の不備や照明の暗さに彼らは難渋しつつ、雨の日も、風や雪の日であっても、定められた順路《コース》を定刻通りに走った。そのため、大雪のなか、やっと行き来のできる狭い道で、この「郵便飛行脚夫」と会ったら、さぁ大変。彼らは決して道を避けてはくれない。行きあわせた者が身の不運とあきらめて、サッと横っ飛びに道を避けねばならなかった。

当初は中継する距離も正確とはいえず、一里（四キロメートル）いくらという脚夫賃《きゃくふちん》をもらっているところもあった。郵便御用取扱役の家族のことを、そのころは「郵便様の衆」などと呼んだ（小川常人・高橋善七著『特定郵便局制度史』）。

このように〃郵政〃は、中央機関たる「駅逓寮」が極力経費を節減して管理にあたり、（明治五年〈一八七二〉の時点で、駅逓寮の官吏総数は八十五名）、中間管理機関を特には設けず、地方の府県庁に委任する方法で監督をさせ、経費を安くあげ得たわけだが、その基本には私財の無償提供によって、日本の郵便制度を支えた人々がいたことを忘れてはなるまい。このありがたい郵便御用取扱所が、明治十八年に三等郵便局として再編成される。郵政民営化によって平成十九年（二〇〇七）に廃止された、「特定郵便局」である。

ところで、ここにきて困った問題が出来《しゅったい》した。否、〃新式郵便〃がスタートすれば、当

右）「書状集め箱」（明治４年）と呼ばれた日本初の木製ポスト（都市用）　左）郵便制度が全国に実施（明治５年）されると、たくさんのポストが必要になり「黒塗柱箱」が設置された　郵政博物館蔵

然、起こりうる問題と、かねてから予想はされていたのだが――飛脚屋の激しい反発、抵抗であった。

飛脚がいくつもの種類に分かれ、運賃体系が複雑なことはすでに触れている。加えて飛脚は、定期便が一ヵ月に三度であるゆえに「三度《さんど》飛脚《びきゃく》」と呼ばれたり、六のつく日に出発することから「定六《じょうろく》飛脚」と称したりもしてきた。

いうまでもなく、飛脚は毎日出発しないこともあり、雨や雪、風も少し激しければ休みとなる。そもそも、配達を拒絶する遠距離地も少なくなかった。

これに比べて郵便は、日本全国へ無条件に「信書」「物貨」を運ばねばならない。

前島の〝構想力〟で、全国各地に「郵

便御用取扱所」が設置され、交通の要所に郵便箱《ポスト》が立てられるようになると、〝新式郵便制度〟は飛脚屋にとって、死活問題となる。

実行を急いだ前島は、飛脚屋への説得を後回しにしてしまった。

そのため各地で、郵便と飛脚の衝突、小競合い、通信網《ネットワーク》の奪い合いが起こり、「これはいかん」と見てとった前島は、明治五年四月に、「東京定飛脚屋」の総代・佐々木荘助との会見を開くことにした。

官尊民卑の時代とはいえ、さすがに佐々木は貫禄もあり、前島に臆することなく、二百六十年余もわが国の通信を担ってきた飛脚の功徳を述べ、

「お上においては、これを賞誉《しょうよ》していただく（ほめたたえる）べきを、かえってこの仕事を奪い取ろうとなさるのは、極めて道理に合わないことでございます」

きっぱりと、郵便の廃止を訴えた。

これより以前、杉浦譲も実は、同様に飛脚業者と話し合っていたのだが、互いに譲れないだけに、話し合いは平行線。この問題の解決は、極めて難しかった。

飛脚の業者にすれば、敵は巨大な国家である。廃止の請願が達せられないと知るや、彼らは料金の大幅値下げを断行し、郵便と競争する道を選択した。

しかし、前島の〝構想力〟で生み出された仕組み《システム》は、戊辰戦争における薩長同盟軍と

同様、その先進性において隔絶していた。しょせんは、かなうはずもない。

わかってはいるが、飛脚屋も生きていかねばならない。さて、前島はどうしたか。

「それならばかりに、政府が君等《ら》（飛脚屋）の請願を容れて、通信の事は一切、君等の手に任せる事にしたとしよう」

と目前の佐々木に、前島は切り出した。


茲《ここ》に水陸両道のある安房《あわ》の或《ある》村に送る一通の信書があるが、君等は幾らの賃銭で之《これ》を届ける事が出来るかと言ふと、彼（佐々木）は一人の人夫を特発しなければならんから、賃銭は一両かゝると答へた。私（前島）は更《さら》に之《これ》を鹿児島に送り又《また》根室に遣《や》らうとするにはどうだと聞くと、彼は特使を発してもむづかしいから、賃金は何十両かゝるか分らないとの事だ。そこで私は一歩を進めて、一衣帯水《いちいたいすい》（一すじの川と海）を隔《へだ》つる朝鮮の釜山《プサン》にはどうだ、支那の上海にはどうだと畳みかけて問ふと、彼は唖然《あぜん》として答へる事が出来ない。（『郵便創業談』・『鴻爪痕』所収）

前島は静かに、それでいて相手に考えさせるようにつづけた。

猶《なお》英米にはどうだ、露仏にはどうだと聞くに、（佐々木は）茫然《ぼうぜん》として気抜《きぬけ》の様《さま》で、どうして達するか其《その》道を知らないと言って、大《おおい》に恥入った様子であるから、私は抑《そ》も通信といふ者《もの》は、国際上に貿易上に又《また》社交上に極めて必要な事であって、内国は勿論《もちろん》、外国へも通信の設《もうけ》のある文明国には、遍《あまね》く達すべき設備がなくてはならない。それを君等の家業の様に、一地一部を限った通信では此《この》大目的に適《てき》しないといふ事を、徐《おだや》かに言って聞かせた。（同上）

❖〝日通〟につながる飛脚屋救済の新事業

語りながら前島は、目前の佐々木のみならず飛脚屋に従事する人々が、かわいそうになった。本来、江戸期の飛脚は上海やイギリス、アメリカなどに走るようにはできていない。同様に、通信の全国ネット化など、想定されてもいなかった。

主要都市だけを結ぶのではなく、全国何処からでも、何処にでも、信書を送り送られる体制。しかも安い均一の価格で、誰もが自由に利用できる制度でなければならない、と前島は佐々木に語った。天候にも関係なく、毎日定められた業務運行をおこなうことが、〝新式郵便〟の特徴だとも。

郵便制度は、明治維新の具現化そのものであったのだ。

佐々木はこれらを聞いて、抵抗を心底で断念した。

「とても、自分たちのやれるところではありませぬ」

と敗北を認めた。

しかし、このまま引き下がっては、全国の飛脚屋が飯を食っていけなくなる。

今謹《つつし》んで仰せを承《うけたま》はりましたから、退きまして速《すみやか》に同業の者共に其旨《そのむね》伝へまして、請願を撤回致《いた》し、競争を止めさせまするが、併《しか》し俄《にわか》に利益ある事業を官（国）に収められましては、（飛脚屋は）是《これ》よりして営業の衰頽《すいたい》（おとろえ）を来たし、悲惨の境遇に陥いるのは知れて居《お》りますから、何とか御救《おすく》ひ下さる道を願ひたい、と言ふので、私はそこで同業団結の事を説いて〈下略〉（同上）

前島が持ち前の〝構想力〟を発揮して考え出したのが、明治五年（一八七二）六月、佐々木が同業者を集めて発足した「陸運元会社」であった。前島は、〝民〟を切り捨てたりはしなかった。否、できなかったのだろう。何のための〝構想力〟であり、郵便制度であったのか。すべては幕末に誓った、独立の尊厳を持つことのできる国創りのためであった。

資本金は五万円（現在の貨幣価値で約十億円）。初代頭取には、江戸の飛脚問屋として知られた「和泉屋」の当主・吉村甚兵衛が就任した。佐々木は実は、この甚兵衛の代理人として前島と渡り合っていたのである。本社は日本橋左内町（現・東京都中央区日本橋一丁目）の「和泉屋」に置かれた。

甚兵衛は、なかなかに気骨のある人物であったようだ。明治三年九月には、政府に抵抗して奥州定飛脚を開設したりしている。その彼が「陸運元会社」の創立を請け負い、政府は諸街道の助郷《すけごう》伝馬所及びこれに関する一切の課役を、廃止した。替わって、「人《じん》馬《ば》相対継立所《あいたいつぎたてしょ》」を設立している。

郵便の全国的な実施は、「陸運元会社」の誕生を受けて始められた、ともいえる。

郵便物はもとより郵便切手の全国への配送、各郵便局＝郵便取扱人で使用する用品、そして為替や貯金の資金の運送も、必要不可欠であった。これを独占的に、国の保護のもとでおこなえるのだから、「陸運元会社」は順調に成長していった。

明治六年六月、全国各地に同社の出張店、分社、取次所などが、三千四百八十店を数えている。共存共栄――郵便為替の創業と外国郵便の取り扱いを開始した明治八年一月、従来の「郵便役所」や「郵便取扱所」の名称は「郵便局」と改められる。

郵便事業は凄まじい勢いで伸び、年々着実に郵便物も増大し、郵便路線も拡張されて、「陸運元会社」の取扱量も増えた。この会社は明治八年二月、社名を「内国通運会社」と変更し、資本金は八万一千七百円となる。このころになると、同社は人馬継立業務のほかに、鉄道貨物の運送取扱や東京―熱田（現・愛知県名古屋市）間の長距離馬車輸送も開始した。

発足以来三年で、旧態の飛脚問屋が道路運送業者に転進して、ここまで来れたのは、ひとえに前島の先見性を持って骨太に構築された〝構想力〟あればこそであったろう。

もし、この「陸運元会社」を自ら社長として経営していれば、彼はどれほどの資産家と成り得たであろうか。なぜ、財閥を創らなかったのか、と聞かれれば前島は、

「誤解してもらっては困る」

と、そう答えたであろう。あるいは、目的と手段を混同してはいけない、と問い手を嗜《たしな》めたかもしれない。彼は日本の近代化のために、「富国強兵」「殖産興業」の具体策を考えたのであって、その逆、己れの立身出世、金もうけが目的ではなかった。

一刻も早く、幕末の不平等条約を改正し、欧米列強に伍して、明治日本が生き残るためには、何が必要か。前島は国民の意識を変える〝文明開化〟を急務と認識し、制度《システム》としては中央集権を目指した。彼の立案した郵政事業は、その具体策であった。

両国橋の西袂にあった内国通運会社の乗船所と外車式汽船通運丸　「東京両国通運会社 川蒸汽往復盛栄真景之図」郵政博物館蔵

明治十年を「内国通運会社」は、〝黄金時代〟と胸を張った。

蛇足ながら、この年、同社は「通運丸」という洋式外輪船（わが国最初）を利根川水運に投入している。この船は、石川島造船所で造られたもの。こちらは、のちの石川島播磨重工業（現・ＩＨＩ）の前身の一つとなった。

やがて鉄道輸送の時代となり、トラックの導入、自転車の配達時代を経て「内国通運会社」は昭和三年（一九二八）、「国際通運株式会社」となる。昭和十二年十月、同社は改めて「日本通運株式会社」と社名を変更。これが現在の〝日通〟へとつながっていく。

❖子供に切手を貼って送ろうとした親

少し、角度を変えてみる。文明開化の政策が進むなか、当時の日本人は、どの程度の〝民度〟を持っていたのだろうか。

たとえば、目安箱である。読者の中には、幕藩体制下の八代将軍・徳川吉宗を連想される方がいるかもしれないが、実はこれ、〝ご一新〟の成った明治の初期まで、しばらくのあいだは設置されていた。

慶応四年（一八六八）三月二十四日、太政官門前に設けられたのを手はじめに、日本橋・常磐橋外、浅草御門外、筋違橋門内、高輪大木戸際、半蔵門外などに設けられている（戊辰戦争中には、官軍の目安箱も全国各地に設けられていた）。

しかし、司法制度が充実してくると、府県が管轄する目安箱はかえって裁判の弊害となる、と明治六年（一八七三）六月十日、ついに廃止されることとなった。

もっとも、長いあいだ親しまれてきた目安箱は、郵便法の施行により「郵便箱《ポスト》」として、そのままの形が受け継がれた。創業時は「書状集め箱」と称され、「書状切手売捌所」と併設して、「箱場《はこば》（函場）」とも呼ばれている。明治五年には「信書箱」とも称され、「郵便掛箱《かけばこ》（掛函）」などとも呼称された。

数が足らないため、目安箱の「郵便箱」をもちいたのだが、「人民」の多くはそれまでの飛脚と違う国営の郵便事業が、すぐには理解できなかった。

東京・浅草では、町内を清掃していた老人が、塵芥《ごみあくた》を「郵便箱」に入れてしまう。つまり、ゴミ箱と間違えたわけだ。こうしたことは各地で起こり、しばらくのあいだ「郵便箱」には、「この箱にゴミを投入するべからず」と貼り紙がなされたほどであった。

勘違いで甚しいのは、「郵便箱」を公衆便所と間違えて、投入口に男性のシンボルを差し入れて用を足した人々がいたことだろう。あるとき、一人の男がその現場を邏卒《らそつ》（のちの巡査）に見つかってしまった。カンカンに怒る邏卒に、男はいった。

「いまは文明開化の時代だ。立ち小便はいけないと思い、あっしはわざわざ便所を探して用を足したのに、叱られるいわれはねェ」

男は「郵便箱」を、便を垂《すい》する箱と解したというのだ。これには邏卒も、開いた口が塞がらなかったという。

悪童のいたずらも、酷かった。蛇や蛙をつかまえては「郵便箱」に投げ込み、ときには蛇や蛙が投入口から飛び出して、往来の人々を驚かせたという。

——切手に対する「人民」の反応も、同じようなものであった。

日本最初の郵便切手
明治４年３月１日（旧暦）発行

「郵便切手」が中央に入る
明治５年７月20日（旧暦）発行

芦に雁の図案
明治８年１月１日発行

せきれいの図案
明治８年１月１日発行

わしの図案
明治８年１月１日発行

五厘の切手
明治９年５月17日発行

明治初期の郵便切手　郵政博物館蔵

なにしろ、これまでに切手というものを見たことがない。説明によれば、規定額の切手を一枚貼れば、全国の何処へでも手紙を届けてくれるという。

その切手は、明治四年三月に初めて発行され、銭四十八文（模様は薄緒《うすお》（茶色）・文字は黒）、百文（模様は青・文字は黒）、二百文（模様は赤・文字は黒）、五百文（模様は萌《もえ》黄《ぎ》・文字は黒）の種類があった。翌五年二月からは、半銭、一銭、二銭、五銭となっている。少しずつ切手代もあがり、明治八年には十二銭、十五銭、四十五銭の郵便切手が登場。翌九年には半銭切手は五厘と改められ、一銭および二銭の切手が改正・発行された。

これまた、「人民」にとっては、知識と実際がうまく噛み合わないため、いくつもの珍

談を残した。たとえば、

「一銭切手を百枚買おう、そのかわりいくらまけてくれるか？」

切手は値引きをしない、と局員がいえば、

「そうか……。それじゃ、売れ残った切手でいい。それならまけられるだろう」

日常にあって、本当に交わされた会話であった。

大きさに関する苦情も、同断。当時、一銭切手も二銭切手も大きさは同じであった。そのため、商品は何によらず大きいほうが高いのに、同じ大きさのものを倍の二銭で売るのは納得できぬ、と郵便局で抗議の座りこみをする者も出た。

信じられない「人民」の、実話の最高傑作は、日本橋の「郵便箱」の脇に、わが子を縄でくくりつけた父親の一件であったろう。集配中に子供を見つけた集配人は驚いた。

縄を解きながら子供に事情を訊くと、

「ボク、島根のおじさんのところへ行くんだ」

という。子供の父親は文明開化のご時世ゆえ、郵便扱いでわが子を島根へ届けてもらおう、と思いたったというのだ。よく見ると、子供の額に一円五十銭の切手が貼ってある。また、着物の襟には、宛先の住所・氏名を書いた布が縫いつけられていた。

「人間は荷物としては扱えないのです」

そういって集配人は、子供を家へ送り届けたが、父親はその説明をいくら聞いても理解できなかったという。ちなみに、小包郵便がスタートしたのは、明治二十五年になってから。それまではもっぱら、「内国通運会社」がこれを取り扱った。

❖郵便草創期の外伝

郵便箱に子供をくくりつけた事件と似た次元の事件は、その少し前にもあった。

明治二年（一六八九）、東京―横浜間三十二キロメートルに、電信が仮設されたことはすでに触れたが、それから僅《わず》か二年後には、東京―長崎に。さらには東京―青森という具合に、電信は伸長していった。

国民は電報通信は早くて便利だ、と事あるごとに太政官＝政府から聞かされるのだが、どうにもそのカラクリがわからない。さすがに南蛮《バテレン》の魔術だという人は少なくなったが、多くの「人民」はまだ、雷さまを捕えて、その細い紐《ひも》のなかへ閉じこめているに違いない、と疑っていた。

そんなある日のこと、電信で用件が直ぐさま伝わると聞いた商店の小僧が、「よし」とばかりに、東京名物の〝おこし〟を、青森にいる両親に送ろうと考えた。

小僧は夜になるのを待ち、こっそりと電信柱にのぼると、〝おこし〟の入った風呂敷包みを電線に吊して、ひとりほくそ笑む。

「これで明日には、青森に……」

ところがその明朝、電線を見上げてみると、昨夜と同じところに風呂敷包みはぶらさがったまま。しかも、風呂敷包みはところどころが破れていて、なかの〝おこし〟はなくなっていた。おそらく原因はカラスであったろうが、小僧はそうは考えなかったようだ。顔色を失って、震えだした。

「やっぱり、雷さまが電線の中にいるんだ。お金を払わずに荷物を送ろうとしたのが、きっと雷さまにバレて、逆鱗《げきりん》に触れたに違いない」

以来、小僧は雷鳴がするとヘソを押さえて逃げ惑ったという。蛇足ながら、赤い鉄製の郵便箱ができたのは、明治四十一年に入ってからのことであった。

そうかと思うと、中途半端に「郵便」を理解していたために、杖で六十回たたかれるはめになった男もいた。これは「郵便報知新聞」の明治五年十月号に出ていた記事だが、明治四年三月にスタートした〝新式郵便〟――その駅逓寮の四日市《よっかいち》郵便役所（現・東京都中央区日本橋三丁目）に集配人として採用された者に、鈴木半右衛門という人物がいた。住まいは東京府下の三河町三丁目の借家。本来は、実直な人であったらしい。毎日まじめに「郵便箱」から書状を取り集め、区分けし、配達の任にあたっていた。

ところが翌五年十月のある日のこと、受け持ち区域にあった入江町（現・東京都墨田区緑《みどり》）の「郵便箱」をあけ、なかの書状を出していると、一通だけ切手を貼らずに銭百文を結びつけているものがあった。半右衛門は手紙には切手が必要だ、との知識は持っていたが、そのあとがいけない。使い古しの切手を貼りつけ、銭百文をひそかに盗みとって、そしらぬ顔を決めこんだ。

問題の書状は郵便役所に集められ、すぐさま発見されてしまう。前島があれほど苦心した消印を、半右衛門は理解していなかったようだ。

「あやしい」

と見込みをつけられ、呼び出された半右衛門は〝探問《たんもん》〟の結果、「わたしがやりました」と自白。あわれ司法省に引き渡され、「杖六十」の刑に処せられたのである。

それを伝え聞いた「人民」たちは、なるほど半右衛門はよくないが、規則で禁じられている銭を結びつけた差出人にも罪はある、と甚《いた》く同情を寄せたとか。

ちなみに、量目の等しい信書を、距離にかかわりなく配達する費用を、当初は「郵便賃銭《ちんせん》」といい、のちに「郵便税」と称した。

——前島は懸命に、こうした「民度」をあげる工夫をしている。

郵便の休暇規則についても、わざわざ新聞に公示していた。

郵便休暇の儀に付き大蔵省よりの御達し正月三ヶ日、同七日十五日十六日、三月三日、五月五日、七月七日、同十五日十六日、九月九日および天長節は、郵便休暇の規則に候《そうろう》処《ところ》、以来毎歳元旦一日を休暇と定められ候事。（明治五年七月「郵便報知新聞」）

また、新聞そのものを重視した前島は、この新聞の原稿を無料とする英断も下していた。「新聞原稿逓送《ていそう》規則」に次のようにある。

第一、各新聞社の願いによって、駅逓寮より、府下遠国等へ逓送配達を聞届けたる新聞紙に限る。

第二、重量は四文目より踰《こえる》べからず。

第三、帯封《おびふう》或は開封にて検査し易き様致《いた》し置くべし。ただし帯封或《あるい》は上包へ報知すべき新聞紙、本社及び報知者の姓名地名等を詳細に認《したた》め、かつ朱にて新聞原稿と記すべし。

第四、原稿紙中に他の封物をひそかに差入るるは勿論、報知すべき事柄の外《ほか》一語たり

郵便報知新聞　毎日出版

第百二十五號

明治六年八月二十九日　金曜日

寒暖計　八十三度

潮時満　午前十時二十二分　午後十時四十六分

御祭日

公布

今般違式詿違條目左の通追加候條此旨布達候事

但芝居者女の袴を着用する類ハ此限りにあらず

明治六年八月十七日　東京府知事大久保一翁

公聞

淺草橋破損に付同所御門渡り橋廢撤し跡石垣取壞し眼鏡石橋築造凡入費積金壹万八千圓ニて可出來旨云々先般相伺候處御聞届相成候に付工事落札

上現費金員可申出旨御諭令有之然る處眼鏡形にてハ入費も多く相掛り通船便利も不宜候に付繪圖面の通太鼓形に築造候得ハ木行ハ勿論保ち方も宜しく候に付更に仕積相立入費積入札為致候處金九千六百八十圓にて芝七軒町佐藤勝五郎と申者へ落札相成取調候處不相當の儀も無之候間早々取掛申付度依之繪圖面共相添此段相伺候也

明治六年八月七日　東京府知事大久保一翁

大藏省事務總裁　参議大隈重信殿

右石橋築造に付てハ官員四名其他白川縣貫屬より三名

府篤く御世話あれハ日ならすして全都下一般其盛徳を蒙るへし此石橋ハ工事既ニ本月廿三日より業を始め晴雨ニ係らす日數凡百二十日間ニして落成を期するよし橋ハ渡り長七間幅六間なり圖面ハ餘白なきを以て略せり

諸縣報知

鳥取縣下第十一區因幡國邑美郡行徳村日傭渡世藤岡久四郎と云ふ者九ヶ年前より眼病ハ處其後四年ニして遂に明を失ひ盲となり貧困窮迫必至の折

初期の「郵便報知新聞」　郵政博物館蔵

とも書簡様の文字、或は暗号隠語等書載《の》すべからず。
（第五、第六は省略・明治六年七月「新聞雑誌」）

❖郵便脚夫と邏卒

——明治四年（一八七一）正月に出された、「書状を出す人の心得十二則」というのもあった。郵便草創期ならではのものであったが、

「毎日、両京（東京と京都）は夕七ツ時（午後四時）、大阪は昼八ツ時（午後二時）限り如何様《いかよう》の天気にても、往来の差支無之上《さしつかえこれなきうえ》は、必ず飛脚差立候間《さしたてそうろうあいだ》右刻限までに、東京は四日市、西京（京都）は姉小路車屋町西へ入《いり》、大阪は中の島淀屋橋角《かど》、駅逓司郵便役所へ書状可差出《さしだすべき》事」

とあり、当初、三都の三郵便役所のほか、「東京は虎の御門外、両国橋、筋違《すじかい》御門外、浅草観音前、牛込御門前、赤坂御門外、京橋、芝神明《しばしんめい》前、赤羽根橋、四ツ谷御門外、永代橋、西京は、中立売《なかたちうり》烏丸今出川、大宮五条寺町、西条室町、大阪は本町橋西詰、安堂《あんどう》寺《じ》橋西詰、阿弥陀池長門《あみだいけながもん》前、雑子場《ざこば》常安橋《じょうあんばし》北詰、源左衛門町《げんざえもんちょう》天満天神」の郵便受取所があったことが知れる。なお、「右切手賃銭表の割合を以《もって》書状の裏へ糊付可致《のりづけいたすべき》事、但は無《むなしく》

なれざる様しかと張《は》り置可申事《おきもうすべき》」――つまり、切手は書状の裏に貼っていたようだ。

では、その郵便に携わった側の人々はどうであったのだろうか。「民度」を低いとばかりに笑えないのが、「官度」の問題。明治五年七月四日の夜、前夜の午後十時に横浜を出発した郵便脚夫の倉橋武次郎は、品川駅を通過したおり、邏卒（のちの巡査）二名に呼び止められ、何ごとか、と立ち止まると、いきなり、

「御用をかたるふとどき者！」

と襟首をつかまれ、棒で五、六回もなぐられた。武次郎はこれを、東京郵便役所に届け出た。

「このままにはしておけぬ」

創業期ゆえに、郵便役所も燃えていた。駅逓寮へ、すぐさま通報。それを受けて寮議が開かれ、「邏卒」を所轄する東京府に対して厳重な抗議が申し込まれた。

「脚夫は郵便の印のついた御用提灯《ちょうちん》を携えており、政府の任務を奉じている。それを治安維持にあたるべき邏卒が、このようなふるまいに及ぶとは断じて許せぬ」

東京府はすぐさま、その邏卒二名を割り出し、それぞれに始末書を書かせた。

「不審な男が御用提灯を下げて通行していたので、その提灯の出所をきくと、乱暴なあいさつをした。最近は御用提灯を持って悪事を働く者が多いため、問いただしたところ、

疑いが晴れたのでそのまま差し放した。棒ではなぐっていない」

という。実際のところは、郵便脚夫と邏卒が、それぞれ〃お上〃のご威光をかさに着て威張りあい、邏卒の職務質問に反発した武次郎が横柄《おうへい》な応対をしたため、カッとなった邏卒二人が棒でなぐりつけた、というのが真相のようであった。

ついでながら、郵便脚夫が〃お上の御用〃を楯に、虎の威を借るキツネのような言動を、開始《スタート》当初からおこなっていた件《ケース》も少なくなかった。そのため駅逓寮では、なんとその対策に、ときおり東京中の新聞に広告を出していた。

郵便配達人（脚夫）共《ども》の内《うち》、配達先に於《おい》て粗暴はもちろん威権がましき言行これあり候わば、手数ながら、その者の衣服番号を記し、その概略を無税書状を以て報知これありたき事。ただし本文の書状は、駅逓寮調整課長へ相宛て『郵便御用向き』と表記これあるべき事。

五月三十日

駅逓頭　前島密

（明治七年六月二日付「東京日日新聞」）

〃郵政〃だけではなく、政府への建白書も当時は、無料で送付できた。

政府はそれなりの努力をしていたが、「人民」はなかなか成長してくれない。

懸命に信書を配達しようとする郵便脚夫に、ウソを教えたり、横柄な応対をする「人民」も少なくなかった。当時は住所も未整理のまま、裏店住《うらだな》いや同居人がわからず、右往左往する郵便脚夫も少なからずいた。にもかかわらず、「直接、本人に届けろ」と受け取りを拒否する大家や家族も少なくなかったのである。

本当に先方へ届くのか、と疑う人も多く、そのため当時の郵便役所では、普通郵便でも「受取証」を発行した。これは差出人が名前と宛名を書いた紙片を郵便物にくくりつけて「郵便箱」に入れると、集配のとき、受取の印を押して、その紙片を「郵便箱」に貼っておき、これを後刻、差出人が取りに来て、一安心するといった方法であった。

なかには、他人の信書を勝手に開封する「人民」もいたようだ。開封に対する罰則が設けられたことが、そのことを雄弁に語っていた。

郵便物の事故も、決して少なくはなかった。

没書《ぼっしょ》（受取人・発信人不明などのため没収となった郵便物）　表書の充分ならざる等の故《ゆえ》を以《もっ》て、事故信書掛へ授付《じゅふ》せし信書等の員数三万九千一百八十五、すなわちこの半年間に取扱いたる郵便物の総数に対して三厘余なり。〈中略〉賊難遺失信書《ぞくなんいしつしんしょ》及び犯則者この半年中賊難に罹《かか》りたる郵便物の員数六千三百五、しかれどもこれを捜索し得て配達せしもの五千六百三十三、散乱して配達しあたわざるもの三百八十、不幸にして紛失せしもの二百九十二、内金貨を封入せるもの九通にして、その金額は三十九円三十七銭五厘なり。ただし、その金員中三十六円五十銭はその盗者自首してこれを弁償せり、故《ゆえ》にまったく賊難に失せし金員は二円八十七銭五厘なり。〈後略〉

（明治九年一月四日付「東京日日新聞」）

それにしても、郵便物を運ぶ人々の苦労が思いやられる。

❖生命《いのち》懸けの郵便脚夫と郵便はがき

明治十八年（一八八五）二月に、「郵便脚夫」は「逓送人《ていそうにん》」と名称が変わったが、その服装はあまり変わっていない。

創業時は韮山笠《にらやまがさ》（赤のマークつき）であったものが、途中で網代笠《あじろがさ》に似た、俗称「饅《まん》頭笠《じゅうがさ》」に変わったほか、袖口と笠には目立つ赤い丸に一を引いた郵便徽章《きしょう》（しるし）が飾られた。明治十年代以降は廃止されたが、それまでは制服の襟とズボン（黒地）のわきに赤筋をつけたものを着用した。

赤は郵便の、専売特許のように使われている。が、その制服は邏卒と似ており、共に人目をひいたから、先にみた両者の仲違いも、こうしたところに原因の一端はあったのかもしれない。

それが明治二十年ごろの「逓送人」では、襟に局名、背中に丸に「〒」の字を染め抜いた法被《はっぴ》と半纏《はんてん》を着用し、股引《ももひき》わらじ履《ば》きとなった（集配人は、詰襟の制服）。雨の日は短袖の合羽《かっぱ》を着た。この格好で、五尺くらいの天秤棒の両端に網掛台付の郵便行嚢《こうのう》（三、四貫目ほど）を結《ゆ》わえ、肩にかついで駆けた。

ちなみに「〒」は逓信省の音の頭文字「テ」を図案化したもの。明治二十年二月に郵便の徽章と定められた。これはこぼれ話だが、同年二月八日、ときの逓信省は告示第十一号で「自今、『丁』の字形をもって、本省全般の徽章とする」と公示した。ところがその直後、この「丁字」は世界各国の郵便局では、共通の不足税のしるしであることが知れ、慌てたときの逓信大臣・榎本武揚は、すぐさま同十九日に官報をもって「〒」の誤りなり、と公示したという。

話は変わるが、郵便脚夫は一時間に、最高十キロメートルは走行したというから凄まじい。もちろん、昼夜兼行である。夜は「郵便御用」と大書した提灯を用い、また大きな逓送時計を常時、腰にしばりつけていた。傍《はた》からは目立つスタイルであったことが、一方では盗賊の標的《ターゲット》ともなってしまう。郵便脚夫は当初、お金を扱っていないにもかかわらず、無知な盗賊に飛脚同様と誤解され、襲われたこともあった。

郵便為替を開くまでの便法として、貨幣封入郵便＝「金子《きんす》入書状」（今でいう現金書留）が設けられると、今度はこの金を狙って郵便脚夫が〝賊難〟に遭っている。

――彼らは、生命《いのち》懸けであった。

明治四年八月、熱田と桑名（現・三重県桑名市）で郵便脚夫が実際に、殺害される事件が起きた。大井川（現・静岡県）の河原でも、夜間、通行中の郵便脚夫が二～三人の盗賊に襲われ、現金を奪取されるという事件が発生している。

そのため、貨幣封入郵便を運ぶ脚夫には、六連発の短銃《ピストル》を携帯させようとの案が、すでに明治七年には出ていた。その許しが出たのは、明治九年五月廿六日。「内務卿・大久保利通の代理」――内務少輔の林友幸によってであった。脚夫の中には、仕込杖を携帯する者もいたようだ。

創業時、この脚夫の賃金はというと、公定相場では一里につき永銭《えいせん》（永楽通宝）二十五文六分、つまり二銭五厘六毛で、当時、米一升の値段が三銭ぐらいであったことから、今日に直せば四百三十円ぐらいであろうか。その評価のほどが知れよう。庶民の生活のなかでは悪くはなかったが、決して生命懸けの代価としては見合うまい。

脚夫たちは場所によって、「逓送車《ていそうしゃ》」を使うこともあった。車は鉄輪の塡《はま》った車輪の大きなもので、人力車のように軽く、木製で大八車の一種であったという。明治六年六月には、東京―高崎（現・群馬県高崎市）間を郵便馬車が走っている。

郵便は、封建制度の中に押し込められていた日本人の視野を、徐々にではあるが、〝開化〟させていく大きな原動力となった。が、その途中の道は険しすぎた。

官尊民卑の習慣から、役所や裁判所すらが書状を出すとき、上書に差出名を大書し、受取人宛名を下へ小さく記した。そのため間違えて、逆に配達されたこともあった。このようなことすらが、なかなか改まらなかったという。

ところで、電信事務を地方でも扱うようになったのは、明治二十年代――。新たに「電報配達」の仕事ができ、昼夜を分かたぬ配達業務は、これはこれで大変だった。

「電報、電報――ッ」

と真夜中に民家の戸を叩く配達人は、一刻も早く届けようとの義務感、使命感から、ときに悪路に足をとられ、山道から滑り落ちる者、池に転落して殉職する者、また山間部では熊や狼に襲われる者も、しばしばであった。

余談ながら、郵便はがきは大蔵省の五等出仕、ときの紙幣局印刷部の監督にあたっていた青江《あおえ》秀《ひいず》が考案した、と伝えられている。青江は阿波国那賀《なか》郡西方村（現・徳島県阿《あ》南《なん》市）の生まれ。当時、印刷局の次官をつとめていた。彼は欧米諸国でいうポストカードを、「はがき」と称した。その名称は、書状の端に書きそえる「はしがき（端書）」から来た、と考えられている。

当初は厚紙がなかったため、二つ折りの紙を使用していた（額面は書状の半額）。「はがき紙」「端書」「葉書」などと読み書きされたが、駅逓寮では「はがき紙」の呼称がつかわれた（単葉の形のはがきは、明治八年五月に発行されている）。だいたい明治十六年ごろに、「葉書」の二字に落ち着いたようだ。

ついでながら、当初の「はがき」は書きにくく、読みにくかったという。本文を書く面には罫線《けいせん》が引かれていたが、罫線のない宛名書きの裏面にも書き込みをしてしていまい、宛名面に裏写りをしてしまうなど、書き慣れないと失敗が多かったためだ。

これも蛇足だが、明治六年十二月の「郵便はがき紙 並《ならびに》封嚢《ふうのう》発行規則」によれば、三府（東京・大阪・京都）四港（神戸・横浜・長崎・函館）において、「はがき紙」は一度に百枚以上買うと五分まけてくれ、二百枚以上購入すれば一割引きとなっていた。

明治６年12月１日に発行された、日本最初の郵便はがき　郵政博物館蔵

❖各種はがきと郵便貯金

また、「往復はがき」ができたのは、明治十八年（一八八五）正月からのこと。「私製の絵葉書」はさらに遅く、明治三十三年十月より、ときの逓信省で許可がおりている。

同月五日に春陽堂から雑誌『今世少年《きんせいしょうねん》』（第一巻九号）が発行されているが、これに石井研堂《けんどう》案、小島沖舟《ちゅうしゅう》筆、「二少年シャボン玉を吹くの図」が彩色石版摺り絵葉書として付録についていた。おそらく、「私製絵葉書」の第一号ではあるまいか。

また、絵葉書が日本で定着したのは、皮肉なことに日露戦争（明治三十七年～翌年）においてであった。従軍している夫や父を慰問するために、絵葉書が使われ、日本中で大ブームが起きたが、戦争の終結とともに下火となる。

ややこしい葉書に、「軍事郵便葉書」というのがあった。

こちらは日清戦争のあと、明治二十七年六月十六日、緊急勅令によって施行され、海外に従軍の将校および高等文官の私用郵便は、一ヵ月に四通。下士以下は同二通まで、故国《ここく》へ通信が許可された。〝葉書〟とはあるが、実際は封書である。日露戦争のおりには、出征軍人、軍属に国が葉書を配給した。これも絵葉書ブームの一因となった。

封筒は葉書に比べて早く、明治六年十二月一日にはすでに実施されていた。当時は「封囊《ふうのう》」と呼び、翌七年に「封皮《ふうひ》」と改名している。

今日では、とりたてて珍しくはないが、〝記念スタンプ〟も一時、明治期に大流行した。日露戦争のあと、種々の記念郵券《ゆうけん》が発行され、それを求めて郵便局へ行き、購入して記念スタンプ（消印）を押捺してもらう。

ただそれだけのことなのだが、消印を受ける行為自体がブームになった。

「私製はがき」や画帖、ありとあらゆるものに切手を貼付し、そこへ消印を押してもらうことが流行し、都市では連日のように郵便局に行列ができたという。

当然のように、このスタンプ付き郵券を売買する者もいた。

とりわけ、明治三十九年五月十五日は大観兵式祭《だいかんぺいしきさい》記念スタンプの押捺最終日――東京郵便局前には「人民」がこぞって集まり、驚くべき人数にふくれあがって大騒動となった。なかには、切手を貼った三味線を持参する者もいたとか。

明治八年四月に開始《スタート》した郵便貯金は、まず東京府下で実施され、同年十二月から全国一般に広げられたが、〝貯金〟という習慣をもたなかった日本人のあいだでは、なかなか理解されなかった。そのため、前島自身が貯金奨励の宣伝をおこなっている。

公告　およそ窮巷陋衢《きゅうこうろうく》（路地裏や狭い場所）に住する小民もみな、万物の霊《れい》としてこれを尊む所以《ゆえん》のものは健康にしてあらかじめ疾病の患《うれ》いを防ぎ、壮時にあたりて老後を慮《おもんばか》り、よくその生計を経営し、わが独立の権を保存するを以《もっ》てなり。しかるに下等一般の民人、朝にあって夕をはからず、得ればすなわちこれを費《ついや》し、はなはだしきは節倹貯積を以《もっ》て恥となすの風あるに至れり。（明治八年四月五日付「東京日日新聞」）

確かに、庶民の中には江戸っ子を気取り、宵越《よいごし》の金は持たねぇ、とその日暮らしの者は少なくなかった。前島は「それではいけない」といい、病にかかっても老いても、妻子が困らないようにするには貯金をするのがいいのだ、と述べた。

〈前略〉老、少、男、女何ぴとに限らず、金十銭以上は預け得べく、かつその元利とも増殖すべく、また何時にても請取《うけと》り得《える》べき最も自由にして安全なる規則方法を御制定、内務卿の保証を以《もっ》て駅逓頭にこれをつかさどり、差向き五月二日より左に記す郵便局に於て事務を開き、漸次《ぜんじ》京都大阪より各地に広く施行すべし。(同上)

これを「駅逓頭・前島密」として布告していた。郵便は彼の努力もあり、徐々にではあるが間違いなく、「人民」の中に定着し、広がりを持っていった。

――話が、いささか先に進みすぎてしまったようだ。

先に陸運について触れたが、次に海運についても、前島の活躍を見てみたい。

明治のはじめ、正確には明治二年八月、大蔵省の中に「通商司《つうしょうし》」が設置された。「富国強兵」を実現するために、「殖産興業」を実践しようとして創られた役所である。

なかでも、日本の海運に力を入れ、廻漕《かいそう》会社を設立し、政府の所有船を払い下げたがうまくいかず、ついには明治四年七月に「通商司」そのものが廃されてしまう。宙に浮いた形となったのが、商船の管理であった。

前島はここでも〝構想力〟を発揮する。彼はアメリカの郵便汽船を見て、ぜひにもこれと同じものを日本へ導入したい、と考えた。そこで駅逓寮の取り扱い事務に、水陸運輸の管理を加えて、海運の振興に自ら乗り出したのである。

「大日本帝国郵便蒸気船会社」が明治五年八月に創設され、社長に高崎長右衛門（もと江戸の酒・味噌・醤油問屋で、大蔵省所属）、取締役に岩橋万造（紀万《きまん》汽船の社主）、山路勘助（前者二人と共同で、回漕取扱所頭取）らを任じ、東京—大阪、函館—石巻（現・宮城県石巻市）の運航を開始。郵便物は無料で運送させた。

だが、親方日の丸（国家が後ろ盾であるために倒産の心配がなく、経営努力をしない）で創意工夫のない経営者と、未熟な船員のせいで、先述の廻漕会社同様、不振がつづき、ついには二進《にっち》も三進《さっち》もいかなくなってしまった。

前島は郵便の当初と同じ、山積する難問——欧米では当たり前に理解されていることが、遅れている日本では皆目わからない——に直面していた。

事は重大である。日本の国運にかかわるものであり、思慮にまわせる時間は限られていた。〝構想力〟にとって、時間配分が重要であることは、すでに触れている。

先を読み切るのが難しい状況のときは、見切って、ある程度の結論を先に出し、次の方向性を示さなければならない。

❖見切って、海運王国日本を台頭させる

「さて、どうしたものか――」

思案にくれる前島が、ここで大写《クローズアップ》ししたのが、第二章でみた岩崎弥太郎と、自らの上司・大久保利通の二人であった。

どうしていいのかわからない、八方ふさがりの時は、自らの形勢が優劣において劣勢であることを自覚し、自ら挑むという常識、定石を一度止めて、別の適任者に替ってもらう。責任を放棄し、常識外の手を使って、見切るということも、〝構想力〟には必要であった。目的は海運の振興であり、己れの面子《メンツ》ではない。

明治六年（一八七三）六月十五日、この時点で前島は大蔵省三等出仕に昇進していた。無論、駅逓頭は兼任のままである。ところがこの時、大蔵省は頂上《トップ》の決定権者を欠いていた。

大蔵卿の大久保は明治四年十月からの長い外遊を終え、ようやく五月末に帰朝したものの、おりから西郷隆盛・江藤新平・板垣退助ら留守政府が決定した李氏朝鮮への使節の一件――西郷を送り込み、開国を迫る。もし従わなければ討つ――といった〝征韓

論〟に巻き込まれることを避け、出仕を控えていた。

それ以前、次官の大蔵大輔の地位にあった井上馨は、三等出仕の渋沢栄一とともに、留守政府――なかでも江藤新平の強引な予算獲得――に異議を唱え、二人揃って下野《げや》していた（第三章参照）。つまり、大蔵省は首脳部が不在となっていたわけだ。

しかたなく、大隈重信が事務総裁の形で大蔵の省務を主宰することになったが、彼が助力を頼んだのが前島であった。

「大蔵（大）輔《すけ》ノ心得ヲ以《もっ》テ事務取扱可致《いたすべき》事」

との辞令まで出している。

結局、〝征韓論〟をめぐる大論争は、外遊していた人々――大久保、木戸孝允、岩倉具視らの勝利となり、敗れた留守政府内の征韓論派は、いっせいに連袂《れんぺい》辞任した。

ここに至って大久保は、毅然と内務省の新設に動き、自ら参議兼内務卿となった。

内務省は外務と文部をのぞく、国政中枢の権力を一手に集めた省といってよく、大久保はこの時、名実ともに政府の〝宰相〟となり、独裁者に等しい権力を握る。

明治七年一月九日、この内務省に「駅逓寮」が移され、前島は大蔵省三等出仕を解かれたものの、専任の駅逓頭となる（同月二十九日には内務大丞《ないむだいじょう》に任ぜられ、駅逓頭は兼任）。

この年の二月に佐賀の乱が起こり、四月には台湾出兵が催された。前者の一方の叛将は参議を辞職した江藤であり、のちに敗れて刑死する。後者は明治四年十月、琉球の島民が台湾に漂着したところ、五十余名が原住民に殺された、いわばその報復としておこなわれたもの。この内戦外征にあたって、やはりというべきか、政府系の「大日本帝国郵便蒸気船会社」は全く機能しなかった。

そもそも遠洋の航海に、ここの船は役に立たない。加えて今一つ、政府系であるがゆえに反大久保派＝木戸ら長州藩閥の息もかかっており、すべてを大久保の独断で動かすことができない、との問題も抱えていた。そんなおり、

「それがしにお任せいただきたい」

苦悩する大久保に、たくみに接近したのが岩崎弥太郎であった（第二章参照）。

大隈の仲介により前島も勧め、大久保は政府が欧米諸国から購入した汽船十三隻の運用を、〝三菱〟に委託する。岩崎はこの軍需輸送を成功に導き、大久保の信頼を獲得、自らも莫大な利益をあげるとともに、この宰相を後ろ楯とすることに成功した。

〝三菱〟はいわば、大久保派＝大久保―大隈の政府御用達となったわけだ。「大日本郵便蒸気船会社」を見切った前島は、〝構想力〟の次なる手段として、岩崎を買った。が、今のままでは長州藩閥に阻害され、〝三菱〟の海運事業は大きくならない。

前島は日本の海運業界が発展せず、欧米先進国の商船に圧倒されていては、国家運営上、多大な損失を被《こうむ》るとして、有能な私人を国家が援助して、戦う方法論を大久保に建白した。大久保はこれを採択し、政府所有の汽船を三菱商会に委託し、横浜―上海航路を開かせる。

しかし、同一航路には、すでにアメリカの太平洋郵船が就航していた。当然のごとく両者の競争となったが、会社の規模、船舶の質量、経営の実績、すべてにおいて〝三菱〟は太平洋郵船の敵ではなかった。しかたなく〝三菱〟は運賃の引下げで対抗したが、それは一航海に二万円（現在の貨幣価値で約四億円）の損失を出すありさまとなった。ここで手をはなせば、〝三菱〟は倒産、日本の海外航路は欧米諸国に握られたままとなってしまう。

「〝三菱〟を救い、日本の海運を育成するには、委託した船舶を無償で岩崎に与え、運用をも補助するしかありません」

前島は大久保に上申した。大久保はこれを採用し、太政官での決済を得る。

明治八年九月十五日、政府は所有する十三隻の船を〝三菱〟に無償で与え、上海への定期航路を開設させるにあたって、その運搬費を助成すべく年額二十五万円を交付した（今なら、およそ五十億円）。大久保は前島にいう。

「私は岩崎の技倆は知らない。しかし、足下を信じて決断した。したがってこれらの船は足下に付与する心持ちなり」（自叙伝・『鴻爪痕』所収）

〝三菱〟は郵便汽船三菱会社と社名を改め、日本沿海へ、そして上海へと漕ぎ出した。併せて、九月に郵便蒸気船会社が倒産すると、その所有船舶も政府が買収し、〝三菱〟へ下付している。一方、太平洋郵船とのとの競争はその後もつづき、いっそう激しい値下げ競争がくり広げられたが、〝三菱〟には国家がついていた。

どうにか劣勢の危機を乗り切った〝三菱〟は、政府から別に八十一万円の貸与を受け、太平洋郵船に属する四隻の汽船とその施設一切を買収。ついに、上海航路を独占することに成功する。だが、この間、肝心の駅逓寮はどうなっていたか。明治八年、九年ともに赤字であり、これとは別に〝三菱〟への助成金の支出があった。

〝三菱〟への助成金は、駅逓寮の全経費の三割を超える巨額となる。太平洋郵船を買収した貸与金にいたっては、年間の全予算をも上まわっていた。

にもかかわらず前島は、〝三菱〟をして商船学校の設立、経営を成さしめている。彼の〝構想力〟は、次代の優秀な船員の育成にも向けられていたわけだ。この商船学校は、のち国立となり、東京商船学校と改称。さらには東京商船大学へと発展し、今日は東京海洋大学となっている。

❖成功した大久保外交の陰に――

こうした前島の〝構想力〟は、誹謗《ひぼう》中傷の嵐となって彼を責めた。〝三菱〟から毎月、賄料《まかないりょう》を受け取っているのだろう、という風評が政府内の前島にぶつけられた。

しかし、清廉潔白は彼の信条であり、本人はまったくわれ関せず、で上海への日本郵便の進出を構想し、明治九年（一八七六）四月には、上海の日本郵便局を開業に導いている。

それ以前、明治七年一月九日、駅逓頭の専任となった前島は、同月二十九日には内務大丞に任命されて、駅逓頭を兼任。翌年十一月には駅逓寮が一等寮に昇格。一等寮の長官は三等官であり、勅任となる。前島は四等官のまま、一度「駅逓権頭《ごんのかみ》」を兼任し、改めて駅逓頭兼任を発令される。

少し話を戻して、明治七年八月に、大久保が台湾出兵の賠償責任追及のため、清国に乗り込んだ一件をみてみたい。

この一件は、台湾人に殺された琉球人の仕返しに、反対した木戸ら長州藩閥をふり切って、西郷隆盛の弟・従道《つぐみち》が独断で台湾へ乗り込み、兵をもって南部の事件発生地

（牡丹郷《ぼたんきょう》）などを占領。大久保の清国との交渉によって、ついには賠償金五十万両を清国から得て、撤兵したものであった。

しかし当初、清国は台湾を自らの領土とは認めず、大久保は極めて不利な外交交渉を強いられたのだが、彼をして逆転して勝たしめた原動力の一つが、前島の〝構想力〟により、創り出されたものであった。

「前島さァの郵便のおかげで、おいは外交で勝ち申した」

大久保は珍しく相好《そうごう》を崩した。

どういうことであったか。明治五年三月、初めてわが国の「郵便規則」が施行されたとき、横浜・神戸・長崎の三港には、すでにイギリス、アメリカ、フランスの列強が郵便局を設置していた。いい替えれば、日本に郵便の主権はなかったわけだ。

在留の外国人たちは、それぞれ自国の郵便船を利用して母国との通信をしており、日本人も海外に書状を送るときは、情けないことながら、これらの外国通信に便乗しなければならなかった。具体的には「海外郵便手続」として、三国の郵便局に設けてある私書箱を、駅逓寮が借り受け、そのうえで本人（日本人）に配達をしていた。

また、国内から海外にあてた郵便物は、いったん駅逓寮が受け取り、まとめ、三国の郵便局におもむいて、それぞれの国の切手を貼り、差し立てるという手順を踏んでいた。

なぜこのような、まどろっこしいことをしなければならなかったか、といえば、日本が国際郵便の、郵便交換条約に加盟していなかったことによる。

ペリー来航以来、欧米列強から「未開人」ではないが、せいぜい「半開人」と揶揄《やゆ》されていた、不平等条約を一方的に押しつけられた当時の日本には、独立国としての資格は認められていなかったに等しい。前島は以前から、この屈辱的な状況を、なんとかして打破したい、との気概に燃え、その機会をうかがっていた。

換言すれば、国際郵便において、もしも欧米列強と対等に条約を結ぶことができれば、日本の地位は目に見えて向上するに違いなかった。彼の〝構想力〟が、たまたま来日したアメリカ人ブライアンを政府のお雇いとしたことから、一気に動く。

未知の領域――この場合は、国際郵便――に踏み込むとき、これまでの知識・経験は役に立たないかもしれない。頭を白紙にして、それこそ非常識と思われる常識外のことも含め、情報を収集しながら、ブライアンに教えを乞わねばならなかった。ただし、基本方針は明確に持っていなければ、新しいものは生まれない。

ブライアンはワシントンで郵政省の外国郵便課に勤務していた。ならば、まずはアメリカとの郵便交換条約の実現であろう。前島はこれに的を絞った。

新しい商品を開発する場合も、同じである。まずは、市場調査《マーケティング》をおこない、消費者の嗜好《しこう》、欲求などを綿密に調べ、新商品を考案する。ただ、忘れてはいけないのは、市場調査《マーケティング》は過去と現在をふり返る作業であり、決して未来を構想してはいない、ということだ。市場調査《マーケティング》に頼っているだけでは、市場を変革させるような、とてつもなく独創的な商品は生まれてこない。やはり大切なのは、自分の力で未来を切り開く〝構想力〟を身につけているか否か、であった。

ブライアンの駅逓寮における月俸は、四百五十円（現在の貨幣価値で約九百万円）。各省の卿クラスと同額であり、駅逓頭は三百五十円でしかなかった。

明治六年二月、前島はブライアンを参謀に、すぐさまアメリカとの郵便交換条約の実現に動いた。同年八月、ワシントンにおいて日米郵便交換条約は調印にいたる。日米間において、少なくとも郵便物に関しては対等に交換されることになったのだ。

日本の切手を貼った郵便物は、そのままアメリカへ送達され、アメリカを経て同国が国際郵便条約を結んでいる諸外国にも送付されることとなった。これにより、日本国内のアメリカの郵便局は廃止され、アメリカ一国に関しては、日本の郵便主権は回復したことになる。

これに先立って前島は、琉球をも己れの〝構想力〟でとらえていた。

明治五年十月、明治政府はふいに琉球国主・尚泰《しょうたい》を琉球藩主に封じ、華族に列した。

そのうえで、琉球藩と各国が結ぶ条約は、今後、外務省の管轄とすることを通告する。すなわち、琉球を日本国へ一方的に編入したわけだ。

が、当然のごとく、日本とともに琉球が両属の形をとってきた、他方の清国は、この日本の措置に納得するはずもなかった。〝構想力〟は速度《スピード》をともなう。前島は清国の動きを封じるように、明治六年、駅逓寮の官吏を琉球藩庁へ派遣し、日本内地の郵便が琉球間でも通じるようにせよ、と藩庁との折衝に当たらせた。

九州の西南五百四十キロの海上にある沖縄島を中心に、宮古、八重山群島などの島々——それら琉球を構成するすべての地域に、郵便線路を通すことができれば、事実上、琉球が日本の領土である、と主張できると前島は考えたわけだ。

明治七年一月には、先にみた大日本帝国郵便蒸気船会社に命じて、琉球—東京の間に一ヶ年六回往復の、郵便船を開通させていた。このことに関して、駅逓寮は一カ年に六千円の補助金を支出することとなる。首里や那覇、今帰仁《なきじん》すわなち運天港《うんてんこう》の四カ所に郵便仮役所を設置し、浦添《うらそえ》、北谷《ちゃたん》、読谷山《よみたんざん》、恩納《おんな》、名護《なご》、本部《もとぶ》、羽地《はねじ》、大宜見《おおぎみ》、国頭《くにがみ》の九カ所には郵便取扱所の開設を強行している（三月二十日）。

清国へ乗り込んだ大久保は、この琉球の郵便編入の既成事実のおかげで、清国との談判で琉球が日本領であることを主張することができたのである。

❖念願の国際郵便戦略

　前島は、「朝に門を去って夜十時頃家に帰り、更《さら》に十二時に及んで猶《なお》廻議書を検閲し、或《あるい》は新案を草する如きは珍し」くない日々を送っていた。眠っている時間以外、おそらく〝構想力〟の去る暇《いとま》はなかったに違いない。郵便事業の確立をめざしながら、その一方では尺貫法に基づく度量衡《どりょうこう》取締条例を定めたのもこの人物であった。この条例は、近代日本初の度量衡法規として、明治八年八月五日に公布されている。

　そうかと思うと、すでに少し触れ得たごとく、前島は新聞も創刊している。

　文明開化を「人民」に伝え、わがものとしてもらうためには情報公開が必要だ、と明治五年（一八七二）六月十日に「郵便報知新聞」を創刊した。庶民に文明開化を知らしめるためには、漢文教養では無理だ、と考えた彼は、全文平仮名の新聞もつづいて刊行している（こちらは浸透しなかった）。

　私利私欲がない分、権威・権力への欲望はどうであったか。たとえば大久保には、物欲のない分、権勢欲——自分の力で日本を創りかえる、との思いが強烈にあった。

　ところが前島には、この傲岸不遜《ごうがんふそん》にみえる部分が見当たらない。その生涯を顧みても、明治五年、大蔵省内から東京郵便役所に移転した駅逓寮は、お世辞にも、のちの郵政省を連想できるようなものではなかった。

――本寮ノ建家ハ幕府ノ時ノ魚納屋《なや》ニテ、五十坪余ノ古屋《ふるや》ナリ。天井張リノ落《おち》シヲ防ギ藁縄《わらなわ》ヲ以《もっ》テ釣り上ゲテ、是《こ》レカ修繕モ為《な》ササリシ。又狭隘《きょうあい》ニシテ席ヲ容《いれ》ルベキ地余《ちょ》（余裕）モ無ク、余（前島）ハ押入ノ柵《さく》ヲ去リ、其処《そこ》ニ坐席ヲ設ケタリ。実ニ三伏《さんぷく》（暑中）ノ熱時ニ於テハ身神《しんしん》ニ疲倦《ひけん》（くたびれること）スレ共《ども》、千歳逢《あ》ヒ難キノ一時ナレバ自ラ励マシ衆ヲ鼓《こ》シ、多クハ燈火ヲ点ズルマデ退食《ママ》（退室）シタルコトハ無カリキ。

（『行き路のしるし』）

明治八年十月、彼は清国への出張を命ぜられ、いかにして清国内へ日本の郵便事業を浸透させるかを視察した。すでにみたように、翌九年四月に、上海で日本の郵便局を開業している。

帰ってくると、いよいよ「駅逓寮」は一等寮への昇格が決まった。

「蓋《けだ》し寮の昇等するは事務拡大せる表章にして、即ち社会開進の写影《ママ》（反映）なり」（「帝国郵便創業事務余談」）――前島は心から、このことを喜んだ。

翌明治九年九月、前島は万国郵便連合への日本の加盟を申し入れる。

これは二年前の十月、スイスのベルヌに二十二ヵ国の代表が集まり、郵便の国際組織を創る条約を結んだことに端を発していた。加盟国は単一の郵便領域を形成し、加盟国間で交換する郵便物の料金は均一にされるというのだ。郵便料金は、発信国の切手で前納し、転送するに際しては追加料金を徴収しない、ということが申し合わせられた。

日本の加盟はすんなり認められ、第二十八番目の加盟国となった(明治十年六月二十日より実施)。この時、すでに日本の郵便事業は、欧米先進国が認める水準《レベル》にまで到達していたのである。

しかし前島は、手放しでこのことを喜べなかった。彼の宿願の一つに、郵便主権の回復があったからだ。日本の土地からアメリカの郵便局は撤去したものの、まだイギリスとフランスが残っていた。前島は英国公使パークスを訪問、撤去を働きかけたが、先方は不満顔のまま。仕方なく次の機会《チャンス》を待っていると、たまたま新橋駅で横浜へ行こうとするパークスと出会った。

ときあたかも、アメリカ行の郵便行嚢《こうのう》(郵便物を入れて輸送するための袋)が馬車から降ろされ、汽車に積まれるところであった。

「ぜひ、日本の郵便の現場を見ていただきたい」

前島が英語で語りかけると、パークスは気持ちよくこれに応じてくれた。

係員の取り扱いは規律正しく、丁寧なうえになお素早かった。馬車や汽車の乗組員も、冬服を清潔に着こなしている。この現場を見て、はじめてパークスは日本の郵便を理解した。その後、駅逓寮にも見学に立ち寄っている。パークスは感嘆を込めていった。

「日本の郵便事業は、創業なお日が浅いにもかかわらず、完璧《パーフェクト》である。そのうえ、すでに貯金の事務も開設しているとは……。聞けば、模範をわが大英帝国に採られたというが、わずか数年にして、ここまでおやりになろうとは――」

明治十二年十月、パークスとときの外務卿・井上馨のあいだで、かつてアメリカと交わされたものと同様の、条約が調印され、イギリスの郵便局は日本から去った。

その翌十三年三月には、フランスも在日郵便局を閉鎖した。

（攘夷貫徹じゃ……）

前島がそう思ったかどうか。ただ、彼の心をゆさぶったのは、幕末以来、日本を悩ませてきた不平等条約の一隅に、ようやく風穴をあけることができた、との安堵であったろう。さまざまな想いが去来し、血の中に塩酸でも混じったように、涙腺《るいせん》がゆるみ、鼻《び》腔《こう》の粘膜を強く刺激した。

このときの感慨を、前島は次のように書き留めている。

「是《ここ》に於《おい》て我《わが》帝国（日本）の通信上に於《お》ける主権の虧損《きそん》（欠け損なう）は、全然恢復《かいふく》するを得たるなり。余（前島）の不肖なる、本職を奉じ、時運に従《したがい》て此事《このこと》を遂げ得《え》しは、歓喜自ら勝《た》へざる所なり」（「帝国郵便創業事務余談」・『行き路のしるし』所収）

明治九年、内務大丞兼駅逓頭となった前島の前途は、まだまだ洋々と開けていた。このとき彼は、働き盛りの四十二歳。上司である大久保の信任はますます大きくなっており、現に九月には内務少輔に任ぜられている。今なら、省の内閣総理大臣補佐官である。このまま行けば、大輔（次官）も決して夢ではなかったろう。

大久保は風貌から受ける冷たさに反して、内面は気さくな楽天家であった。それが薩摩なまりで、「前島さァ」と呼ぶとき、そこにはえもいえぬ優しさが漂《ただよ》っていた。

天下に満ちた不平・不満の士族たちの、相次ぐ反乱も、大久保の藩閥にとらわれない人材登用により、各個撃破された。その最後にして最大の敵であり、かつての盟友であった西郷隆盛をも西南戦争で破った。このおり、大健闘したのが、前島も駅逓頭として参画した電信であり、この当時最速の情報伝達手段は、すでに明治八年三月には熊本まで張りめぐらされていた。

前島にとって、その直属の上司たる大隈にとっても、彼らがその手腕を存分にふるうことができたのは、政府内最強の庇護者《ひごしゃ》である大久保利通あればこそであった。彼が上にあるかぎり、部下たちは思い思いの活躍をすることができ、各々の〝構想力〟を伸び伸び発揮することが可能となったのである。その絶大な庇護者が、ふいに暗殺された。

部下の人々の人生も、日本の命運も、大きく変わらざるをえまい。明治十一年五月十四日、日本の舵取りをあと十年は自らがつとめたい、と念じていた大久保は、登庁の途中、紀尾井坂で不平士族の一団に襲われ、ついに落命してしまった。享年四十九（このとき前島は、四十四歳）。

❖大久保の死が意味したもの

内務卿の後任には、大久保の〝左右の手〟と称された一方の、伊藤博文が工部卿から横すべりした。もう一方の大蔵卿の大隈は、西南戦争後の財政再建に追われ、動きがとれなかったようだ。

前島にとっていささか不都合であったのは、かつて伊藤が工部省を設置しようとしたとき、それに真向から反対した経過があったことである。駅逓寮（明治十一年一月からは駅逓局）の長官としての立場からみれば、電信・鉄道を工部省に移管する必要はなく、電信は駅逓寮に移し、工部省こそ内務省の「工務寮」にすればいい、と前島は主張したのであった。

「旧幕時代、士農工商の身分秩序があったが、武士はすでにこの世にはなく、時代の趨《すう》勢《せい》は商農工となりつつある。その上位の〝商〟を下位の〝農〟の下につけて〝農商〟といい、〝工〟だけを独立して省とするなど、本末転倒もはなはだしい。近い将来、商務省の設置こそ必要となるだろう」

前島の〝構想力〟に裏打ちされた反対意見が、正しかったことは歴史が証明している。

明治十四年（一八八一）四月には農商務省が発足、農務・商務・工務の三局が設けられた。さらに同十八年に内閣制度が発足すると、逓信省が創設され、駅逓と電信は併合して、こちらに管轄されることとなった。

西南戦争のおり、京都に急行した大久保は、内務省の省務を前島に代行させている。明治十年八月、内国勧業博覧会が東京の上野で開かれたときも、前島は審査官長を大久保に命ぜられ、翌年一月には地租改正局三等出仕の兼務となった。二月には勧農局長も兼任し、三月には元老院議官も兼ねている。

駅逓局長はそのままであったから、前島の繁忙《はんぼう》さは尋常なものではなかったろう。

大久保は前島が郵便で示した〝構想力〟を、「富国」の中心——農工商にも広げて活用する心づもりであった。工部省設置に前島が反対したおりも、大久保は、「君の所論は今尚《なお》早し、請《こ》ふ数年の後を待て」といっている。彼は将来、農工商の展開において、前島の〝構想力〟を大いに活用するつもりでいたのだ。

しかし、すべては変わってしまう。

内務卿となった伊藤は、薩長藩閥を結集。一方の大隈は大蔵卿とはいえ、拠るべき佐賀藩閥は事実上、佐賀の乱で消滅したも同然となっていた。大久保の死を挟んで、前島は明治十三年二月に内務大輔に昇進する。

これは大久保存命中に、すでに予定されていた人事であった。が、一ヵ月足らずで、彼は新設の駅逓官職制に定められた「駅逓総官」に移される。

その地位は大輔と同格とはいえ、内務行政本来の職責にはない職務《ポスト》であった。おそらく内心、前島は己れの上昇してきた勢いが、このときを境に、否、実際には大久保の死とともに逆流しはじめたことを、自覚していたに相違ない。

表向き郵便事業に専心できると喜んでみせても、もはや己れの政府における、さらなる活躍の場はなくなった。しかし、それを嘆く気持ちが彼にはなかったようだ。

もはや基盤は出来上がっていた。このあと誰が自分と替わっても、日本の〝郵政〟は微動だにしないことを、他の誰にも増して前島は知っていたのであろう。

宙ぶらりんの身分のまま、駅逓局は内務省から農商務省へ移される。

この年——明治十四年、大隈が苦心惨憺《さんたん》し、前島も関わった地租改正の事業が完了した。十月十二日、筆頭参議として大久保亡きあと、伊藤とともにその遺産＝威勢を分け持っていたはずの大隈が、突然、罷免となった。

いわゆる、〝明治十四年の政変〟である。

もともとは財政再建案をめぐる大蔵卿・大隈と大蔵大輔・松方正義の対立に端を発したものが、自由民権運動——国会開設に関して、参議間で意見が一致せず、大隈が提出した国会開設意見書が急進的なことに周囲が驚嘆。これまで協調してやってきたはずの伊藤は、またしても自己保身に走り、一つの形をデッチあげた。

すなわち、大隈は言論界の指導者《リーダー》たる福沢諭吉と結託し、民権派の運動をあおり、言論機関を操縦して薩長藩閥政府を倒して、これに取って代わろうとしている。この際の運動資金は、岩崎弥太郎が出しているというのだ。

この政変のおり、前島は近畿・中国地方の視察に出向いており、東京を留守にしていた。岡山に着いた十月二十四日、突如の電報で東京へ戻るようにと命じられる。

二十八日に帰京した彼は、すでに政変で失脚した大隈が、政府を去ったことを知らされる。翌日、駅逓局に出頭した前島は、言葉少なく部下たちの前を儼乎《げんこ》（おごそか）に去り、身辺の整理をして十一月二日に辞表を出した。

「武士は武士らしく、常に颯爽《さっそう》としていなければならぬ」

ふと、幕末の巻退蔵時代のことが思い出された。

名もなき境遇から身をおこした彼は、他人《ひと》には思いやりを持ち、決して自分を庇《かば》ってはいけない。人の卑怯を憎まず、己れの卑しさをのみ憎むべし、と母や周囲の大人に教えられ、自らも思い定めて生きてきた。

同八日、願いは聞き届けられる。ときに、前島は四十八歳になっていた。

> 嗚呼《ああ》、余（前島）ハ官ニ在《あ》リシ十五年、戦々競々《せんせんきょうきょう》曾《かつ》テ一日ノ未《いま》ダ寧処《ねいしょ》（安心）無カリシ。然《しか》レ共《ども》一点反顧《はんこ》ノ（反省して）疚《やま》シキ（気がとがめる）モ亦《また》アラザリシ。是《これ》ヨリ快楽ノ境ニ遊ビ、以《もっ》テ余生を慎《つつし》ムベシ。任《まか》ス、他ノ呼《よん》デ驢《ろ》（驢馬《ろば》）トナシ、又騏《き》（すぐれた馬）トナスニ、人世何《いず》レノ処ニカ不平ノモノカアル。時ニ天遠《とお》ク秋清《きよく》シテ、数樹ノ紅楓《こうふう》、庭園ニ璨然《さんぜん》クリ。（『行き路のしるし』）

終章

〝構想力〟の伝承

その後の前島密

❖官営とすべきか、民営とすべきか

官を辞した前島密は、「快楽ノ境《さかい》ニ遊ビ、以《もっ》テ余生ヲ慎《つつし》ムベシ」と感慨を述べたが、彼はまだこの時、四十七歳である。

人一倍働くこと、己れの〝構想力〟を発揮することが生きがいのこの人物が、本当にそのまま〝隠居〟することを考えていたのだろうか。

彼は生真面目な男である。退官してほっとした、という言葉に嘘はなかったろう。だが、余生を風流の中に過ごすには、まだその元気《エネルギー》はあり余っていた。〝三つ子の魂百まで〟である。退官時、前島自身は知るよしもなかったが、彼にはまだそのあと三十八年の余命があったのだ。

蛇足ながら、この時点で前島夫妻の間には一男三女があったが、長女の不二はまだ十二歳。次女のきくは九歳、長男の彌《わたる》は八歳、三女のむつは六歳であった。世捨て人を決め込むには、早すぎたであろう（その後、さらに二人の娘を得ている）。

――おそらく彼は、一人冷静になって思い浮かべたはずである。

己れが明治六年（一八七三）に執筆し、年ごとに公布してきた「郵便規則」――あれ

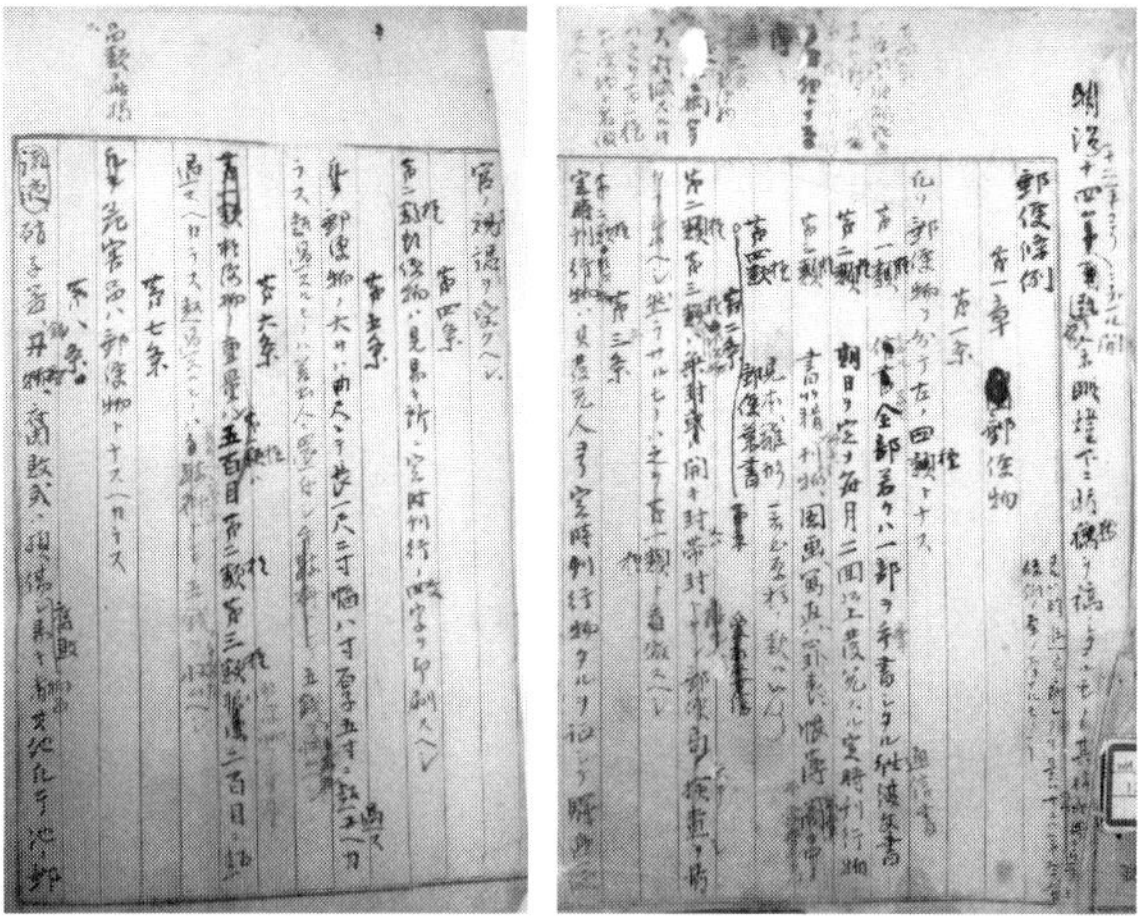

郵便条例の草案　郵政博物館蔵

を年刊のままつづけるのではなく、郵便及び為替貯金の事業を総括した、永続性のある法令にまとめておきたかった、自らの手でこれをやり遂げたかった、と。

前島のこの思いを、駅逓局の局員たちは理解していた。彼らは法令の完成を急ぎ、運動し、明治十五年十二月には「郵便条例」の公布に漕ぎつけている。この条例により、郵便料金の全国均一制が、真に確立したといってよい。

これまで、たとえば書状（二匁《にもんめ》＝七・五グラムまで）の場合、基本料金は二銭（現在の貨幣価値で約四百円）であったが、市内（郵便局の所在地内）ではこれが半額の一銭となり、不便な土地は別に一銭の追加料金が必要であった。それがここに、統一された。

郵便物を第一種から第四種に分ける区分制も、確認されている（施行は明治十六年一月一日より）。

また、郵便事業の延長線で前島がとらえた、商船の活躍――その関連としての、船乗りの質の向上、彼らの福祉と厚生をはかるべく、明治十三年八月に結成された「日本海員掖済会《えきせいかい》」においても、在野の人となった前島は、その後も何かにつけて主導的な役割を担いつづけた。

政府を追われた大隈重信が、総理をつとめた立憲改進党（結成は明治十五年四月）にも、前島は加わったが、同じ年の十月、大隈が経営して開校にいたった東京専門学校（現・早稲田大学）には熱心に参画している。当初、この学校は、「謀叛人を製造する」学校、「国賊を養成する」学校と、政府系の言論で散々に中傷され、なかなか経営と学校運営が軌道に乗らなかった。前島はこの東京専門学校の校長も引き受けている（明治二十年八月から同二十一年七月まで）。

だが、これまでみてきた彼の〝構想力〟を思うとき、郵便立ち上げに匹敵する功績は、やはり明治二十一年十一月、前島が引き受けた逓信次官としての活躍であったろう。

それ以前の明治十八年十二月、大日本帝国憲法（明治憲法）に先がけて、内閣制度が発足した。初代内閣総理大臣には、伊藤博文が就任。ここに、逓信省が新設された。

なんのことはない、農商務省から駅逓・管船の二局を移管し、廃止した工部省から電信・燈台の二局を引き継いでの発足であり、駅逓と電信は揃えてこそ力を発揮する、と主張してきた前島の、構想がようやくここに実現したわけである。

初代の逓信大臣はあの榎本武揚（第三章参照）であり、逓信次官には野村靖《やすし》（長州藩出身）が就任した。が、榎本はこの部下を心底からは望んでおらず、むしろ何かにつけて衝突した。

榎本より六歳年下の野村は、前島の後任として「駅逓総官」をつとめた人物である。明治十八年に逓信省が新設されると、農商務省から転任し、大輔心得となり、翌十九年に次官となった。

榎本が困惑したのは、野村が郵便の素人ではなかった、ということだった。彼はドイツの〝郵政〟を視察し、郵便制度の改革に燃える専門官《スペシャリスト》といってよかったろう。

そのため、野村には抱負があった。たとえば彼は、小包郵便の実施を提案している。全国のうち四十ヵ所を選んで、小包の取り扱いをおこなうという企画《プラン》も立案していた。また、価格表記郵便の実施（明治三十三年に「郵便法」で実現）も提案している。

蛇足ながら、これらのことは前島の在任中に、すでに検討課題となっていたものであったが、実施されなかったのは、時期尚早との声が多かったことに拠った。

❖鉄道か電話か

何かと大臣を無視して、独断専行に事を進めようとする野村と、彼との意思疎通を欠いていることに苦悩する榎本——解決策として浮上したのが、野村以上の専門家《スペシャリスト》の前島の登用であった。

実はそれ以前から、前島の〝構想力〟を惜しむ声は、政府・官界にも多く、農商務次官に返り咲いてはどうか、との話が持ち込まれたこともあった。

あるいは、東京府知事ならどうか、との打診もあったのだが……。

「いったん下野したからには、再び官途に就《つ》く気持ちはない」

と前島は、それらの話をことわっていた。

だからこそ彼は、東京専門学校の校務を主宰し、その校長も引き受けたともいえる。

また、明治二十年（一八八七）五月には、民間の関西鉄道会社の社長にも就任していた。これは前島の、発想を転換しながら翼を補強し、それを繋ぐように、先へ先へと速度を増して組み立て進展して行く、独特な〝構想力〟を思うとき、筆者は適任であった、と思っている。

郵便のみならず、これまでみてきた鉄道・通信・新聞などの情報伝達媒体《メディア》すべてが、この人物の思考・行動に向いていた。

かつて前島が『鉄道憶測《おくそく》』を起草し、開設に参画した政府の鉄道施設は、明治二十年七月までの間に、東は新橋―横浜―国府津《こうづ》（現・神奈川県小田原市国府津）、西は神戸―大阪―大津、敦賀―長浜―名古屋―武豊《たけとよ》（現・愛知県知多郡武豊町）が開通していた。ちなみに、東海道線の全通は明治二十二年七月一日のことである。

並行して私設鉄道も、〝官鉄〟に負けるものかとがんばっていた。

明治十四年八月に日本鉄道会社が創設され、上野―仙台―塩釜《しおがま》（現・宮城県塩竈《しおがま》市）へと線路は開通。関西にも幾つかの鉄道建設が計画され、政府はこれらを統合して関西鉄道会社を発足させ、その社長に、ぜひにと前島に白羽の矢を立てたのであった。

京都―草津（現・滋賀県草津市）―四日市（現・三重県四日市市）―名古屋と、東海道に沿う形で西へ。さらに、大阪を意識しつつ南に進み、津（現・三重県津市）―山田（現・三重県伊勢市）へと抜ける路線《ルート》が、関西鉄道の経営目標となった。

この計画の途中で、逓信大臣・榎本武揚から、ぜひにも次官をつとめてほしい、との要請が、社長の前島になされたのである。双方の兼任は、不可能であった。

しかも榎本は、かつて己れを説得に来た前島を、殺そうとまで憎んだ人物である。無論、それを承知で泣きつかねばならないほど、榎本は野村を制御できなかったのだろう。大臣ならまだしも、いまさら次官では格が違う。話を聞いた周囲の人々は、皆、前島に辞退を勧めた。どう考えても、関西鉄道会社の方が発展性もあり、〝うま味〟もあった。

よもや受けまい、と思われた前島は、この要請を受ける。

彼は専門家《スペシャリスト》として、野村とは意見を真っ向異《こと》にしていたからであった。

前島にいわせれば、政府の扱う小包は、民間の扱えない寒村僻地に及ぼしてこそ意義のあるものであり、なまじ都市部四十ヵ所に限定して実施すれば、かならず民間との競争になる、との懸念があった。

その場合、かつて「大日本帝国郵便汽船会社」と〝三菱〟とが戦った時、明らかになったように、官を笠に着る政府事業者は、かならずや横柄な態度をとり、工夫も奉仕《サービス》も考えず、利用者に嫌われ、失敗に終わるとの〝読み〟が彼にはあった。

加えて、野村は第三種に関しても、発行地から三里（十二キロ）以上にあてたものは、必ず郵便で送らねばならない、との改訂案を持っており、基本料金は三厘（現在の貨幣価値で約六十円）と安くなるものの、新聞や雑誌の発送を政府の独占に帰するという、問題点が残った。

「それでは四民平等の、維新の理想に逆行する」

前島は野村の考えの延長線上に、治安の取り締り、検閲、情報の国家独占が生じることを、見通していた。そんなことをすれば、日本は欧米列強に伍して生き残り、独立の尊厳を守れなくなる。許すわけにはいかない。恩讐《おんしゅう》（恩とうらみ）は〝構想力〟を誤らせるもとである。前島は種々の個人的な思いをのみ込み、逓信次官就任を受諾した。

もう一つ、より大きな問題もあったのである。

急ぎ実用化を考えていた電話について、この時、官営とすべきか、それとも民営に移して始めるべきか――この議論が、逓信大臣の榎本を悩ませていた。

政府・官僚の大勢《たいせい》は、民営にかたむいていた。工部省時代、官営を至当とする工部省に対して、緊縮財政の推進をはかっていた政府は、支出を抑えるためにも、「民設ノ積《つもり》ヲ以《もっ》テ方按《ほうあん》（具体的方法）」を調査せよ、と命じていた。

それに対して前島の意見は、郵便と同じであった。

「之《これ》を民設に許せば国利を損する幾何《いくばく》を知らず、必ず官業とせざる可《べ》からず」

官営とすべきだ、と主張する彼を迎える、ときの内閣総理大臣は黒田清隆であり、外務大臣には中央に返り咲いた大隈が就いていた。黒田は西郷・大久保につぐ薩摩藩閥の代表であったが、大久保ほどの〝構想力〟がなかった。前島の頼りは、かつてと同様に大隈である。

第三種の改正をおこない、郵便局と電信局が並置されていたのを、「郵便電信局」として統合し、前後して「東京郵便電信学校」を開設。将来の、郵便電信行政の幹部育成をも計画した。

❖苦戦を強いられた電話の創業

先に見た小包郵便と価格表記郵便は、その方向性が確認され、さらに研究が進められることとなる。前者は明治二十五年（一八九二）十月、後者は明治三十三年十月にいたって、それぞれ実施されている。

電話に関しては、明治二十三年三月に榎本が文部大臣に移ってのち、逓信大臣となった後藤象二郎のもとで、具体的な官営化の準備がおこなわれている。

後藤はいまは亡き、岩崎弥太郎（明治十八年二月、五十二歳で死去）とは長い付き合いであり、後藤の娘は岩崎弥之助（弥太郎の弟）に嫁《とつ》いでいた。前島もまんざら、知らない間柄ではなかったが、後藤は生涯、岩崎に迷惑をかけつづけ、どうにも人間性に信頼がおけない一面があった。生真面目な前島には、後藤は水と油――かつての伊藤博文と同様に、相容れない存在であったといえる。

筆者は幕末、呉越同舟で後藤と手を組んだ、坂本龍馬の心情を思い浮かべ、このおりの前島の身上と重ねて考えた。次官を辞任したかったろうが、ここで彼がその職を去れば、すべては元の木阿彌《もくあみ》になってしまう。電話の官営も、閣議決定を得たばかりであった。前島は得意の直截《ちょくせつ》な行動を慎み、辞職を思いとどまり、後藤との軋轢《あつれき》に耐えた。

帝国憲法が発布された年の一月から、東京―熱海間の、一般公衆用市外通話の実験が開始された。しかし、政府内の関心は、かつての郵便、鉄道の当初と同じで、予想以下に低いまま、電話の重要性を理解しようともしなかった。

このままでは、一般の実施はあやうい――そう考えた前島は、ここでも持ち前の〝構想力〟を発揮する。工務局長の志田林三郎（佐賀藩出身）に、実際の電話開設の費用を算出させたのである。

志田がいうには、仮に三百名の使用者があり、一年六十円の使用料を収納してくれれば、なんとか収支は見合うという。ただし、その場合の建設費は約十万円とのこと（現在の貨幣価値で約二十億円）。前島は考えた。三百名の使用者はさほど困難ではない。問題は建設費であった。一般会計からは到底、支出は望めない。

（どこならば、出すか——）

彼の構想は、政府全体を俯瞰《ふかん》する。電話の必要性を一番知っている省庁は何処か。前島は陸軍省と交渉、逓信省ともども分配して十万円を捻出することに成功する。

こうして電話線の工事は進められ、明治二十三年四月十九日、電話交換規則も制定された。当初は東京と横浜の両市内、および両市の間に電話交換が開始された。

ところが、加入申し込み者が思いのほか少ない。東京三百名、横浜は百名であった。

「ほれみたことか、やはり民営にすべきだったのだ」

囂々《ごうごう》たる非難が、前島に向けられ、散々に叩かれる中で彼は、加入者獲得に奔走した。大臣も局長も、すべての省内の者にハッパをかけ、勧誘に各々、走らせた。

新聞広告も出し、実業家たちを招待しての説明会を幾度となく聞いている。

にもかかわらず、庶民の反応は依然、低すぎた。なにしろ、電話は伝染病の媒介するものだ、との噂を流され、鵜呑《うの》みにするありさま。真《ま》に受ける人は多かった。

電話は伝達が早いのです、というと、否、うちの使用人の足の方が速い、という金持ちも少なくなかった。彼らは口を揃えていう。その方がはるかに、安くあがる、と。

たまりかねて使用料を値下げし、東京四十円（現在なら、年額約八十万円）、横浜三十五円としたが、それでも当時としては高い、と思われたようだ。

明治二十三年十二月十六日、電話交換が東京、横浜で始まった。

当初は加入者も少なく、両市あわせて二百二十名。大半は官庁と銀行、大企業、新聞社などであった。が、郵便や鉄道、新聞などと同様に、便利さが理解されると状況は好転した。徐々に加入は増え、五年後には申し込み件数は七千を超えた（うち、開通したものは三千件）。今度は、需要に供給が追いつかなくなっていた。

前島は同時に、かねてより主張していた郵便と電話局の事務を統轄処理することも、推進している。利便性と費用《コスト》を考えれば、二つを一つにした方がいい、と彼はいうのだ。二つは合併し、「郵便電信局」となった。明治三十六年四月に、「郵便局」の名称に復するが、業務内容は変わらず、郵便と電信（および電話）事務を扱う体制がつづくこととなる。明治二十四年八月には、電気事業の監督業務も、逓信省の所管となった。

前島の探求心は幕末以来、まったく変わっていない。電信から始まって、そもそもの電気にも、すこぶる関心を持った彼は、ついに「電気学会」まで結成している（明治二十一年五月）。

いつもの熱中する癖で、彼はついに夢の中にまで電気の姿＝「電象《でんしょう》」をみたのだという。

縹渺虚無《ひょうびょうきょむ》の界《かい》、白衣《びゃくえ》観音の像に似て慈眼衆生《じげんしゅじょう》を視るの相《そう》を具《ぐ》し、而《しか》も端然凜乎《たんぜんりんこ》侵《おか》すべからざる威厳を蔵し、其右掌《そのみぎて》は天に承《う》けて化育《かいく》（天地自然が万物を作り育てる）の霊機（天の意志）を載《の》せ、左掌は地に伏せ生を愛撫するの状を標《しめ》せる一婦人の眉間《みけん》より屈曲光線を発射し、其《その》半身を黯憺《あんたん》たる（薄暗くはっきりしない）万雲中に明滅する。

（「逸事録」・『鴻爪痕』所収）

前島はこの「電象」を知り合いの画家に描かせて、後世に残している。

❖密《ひそか》に去り行く

電話の創業も無事、終えた。もはや、思い残すことはない。

無論、〝郵政〟にはまだまだ未知なる問題はつきないだろう。が、それは後進の挑むことで、創業者《パイオニア》として前島のなすべきことは、今度こそ終わったようだ。

明治二十四年（一八九一）三月十七日、彼は辞表を出し、逓信次官の職を退く。

実はこのとき、あと数ヵ月で莫大な恩給がもらえるという幸運が、前島の前に迫っていた。友人たちは、病気と称してでも今しばらく、辞めるな、もったいない、と忠告してくれた。普通ならば、そうするだろう。しかし前島は、自作の詩を示して笑った。

我《われ》、豈坐《あにざ》して飱《くら》はん恩給の禄
まさに知るべし、この禄は弟兄の膏《あぶら》（活力のみなもと＝税金）なるを
三杯の村酒（生活費）、終生足《た》る
一片の月、明らかなり千里の濤《なみ》

恩給をもらうなど、未練だと彼はいい切った。

前島は心底、幕末明治に遭遇できた自らの宿縁《しゅくえん》が、ありがたくてたまらなかったのだ。難問を次々と〝構想力〟で突破し、省《かえり》みて多少なり誇れる仕事ができた。それだけで、充分であった。

最後に前島が、養女格であった小山《こやま》まつ子（「夏は来ぬ」作曲者・小山作之助《さくのすけ》の夫人）に、教訓として諭した言葉を紹介したい。

この言葉は、前島の生きる姿勢をよく表した言葉として、〝構想力〟の総括として、郵政博物館や前島記念館などでも紹介されている。

目的を抱いて居《い》るものは、どんな艱難辛苦《かんなんしんく》も忍ばねばならぬ。丁度《ちょうど》玉を抱いて居るものは、これを毀損《きそん》しまいとして、身を以《もっ》て護ると同様である。其《その》辛苦に耐へきれぬ者は、玉を毀損し、目的を達し得ぬ失敗者である。人はよく、あれも運これも運だといふが、運は誰れの前をも公平に通る、これを捉《と》らえ得ると否とで、大差が出来る。頭を働かして細心注意、よい運を捉へよ。それから椽《えん》（縁）の下の力持ちになる事を厭《いと》ふな。人の為《ため》によかれと願ふ心を常に持てよ。（「追懐《ついかい》録」・『鴻爪痕』所収）

（了）

【参考文献】（書名五十音順）

『1868 明治が始まった年への旅』 加来耕三著 時事通信社 二〇一八年
『海援隊異聞』 加来耕三著 時事通信社 二〇一〇年
『外国郵便の一世紀』 山口修著 国際通信文化協会 一九七九年
『鴻爪痕 前島密伝』 市島謙吉編 財団法人前島会 一九二二年（一九五五年改訂再版）
『坂本龍馬の正体』 加来耕三著 講談社＋α文庫・講談社 二〇一七年
『逓信事業史』（全七巻） 逓信省編 逓信協会 一九四〇〜四一年
『日本警察の父 川路大警視』 加来耕三著 講談社＋α文庫・講談社 二〇〇四年
『日本郵便創業史 飛脚から郵便へ』 藪内吉彦著 雄山閣出版 一九七五年
『評伝 江川太郎左衛門』 加来耕三著 時事通信社 二〇〇九年
『不敗の宰相 大久保利通』 加来耕三著 講談社＋α文庫・講談社 一九九三年
『前島密』 小田嶽夫著 前島密顕彰会 一九五八年
『前島密〜創業の精神と業績〜』 井上卓朗著 鳴美 二〇一八年
『前島密没後百年記念誌 前島密ふるさと上越との絆』 郷土の偉人〝前島密翁〟を顕彰する会 二〇一九年
『みんなの郵便文化史 近代日本を育てた情報伝達システム』 小林正義著 にじゅうに 二〇〇二年
『郵政のあゆみ111年』 山口修著 ぎょうせい 一九八三年
『郵政百年史』 郵政省編 逓信協会 一九七一年
『郵政百年史資料』（全三十巻） 郵政省編 吉川弘文館 一九六八年
『郵便の歴史〜飛脚から郵政民営化までの歩みを語る〜』 井上卓郎・星名定雄共著 鳴美 二〇一九年
『行き路のしるし 前島密生誕百五十年記念出版』 橋本輝夫監修 日本郵趣出版 一九八六年

加来耕三（かく・こうぞう）
歴史家・作家。1958年大阪市生まれ。奈良大学文学部史学科卒。同大学文学部研究員を経て、著述活動に入る。「歴史研究」編集委員。現在は大学・企業の講師をつとめながら、テレビ・ラジオの番組監修、出演など多方面で活躍している。
主な著書に、『幕末・明治の英傑たち』（つちや書店）、『日本史に学ぶ一流の気くばり』（クロスメディア・パブリッシング）、『1868　明治が始まった年への旅』『海援隊異聞』『評伝　江川太郎左衛門』（いずれも時事通信社）、『幕末維新　まさかの深層』（さくら舎）、『西郷隆盛100の言葉』（潮出版社）、『歴史に学ぶ自己再生の理論』（論創社）ほか多数。
平成30年歴史研究会「歴史大賞功労賞」を受賞。

協　　力　郵政博物館
　　　　　前島記念館

デザイン　矢後雅代
本文デザイン　エヌ・オフィス（横山麦子）

明治維新の理念をカタチにした
前島密の構想力

2019年5月1日　初版第1刷発行

著　者　加来耕三
発行者　佐藤　秀
発行所　株式会社 つちや書店
〒100-0014　東京都千代田区永田町2-4-11
電話 03-6205-7865　FAX 03-3593-2088
HP http://tsuchiyashoten.co.jp/
E-mail info@tsuchiyashoten.co.jp
印刷・製本　日経印刷株式会社

ISBN978-4-8069-1670-3 C0021